문법
탄탄
WRITING 3

문장의 확장편 ❶

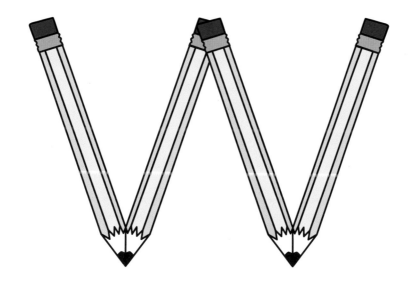

Happy House

How to Use This Book

Grammar Point

영작하는 데 필요한 필수 기초 영문법을
문장의 구조 및 예문 등과 함께 이해하기
쉽게 설명하였습니다.

Grammar Practice I

Grammar Point에서 배운 필수
영문법을 다양한 문제 풀이를 통해
기초 실력을 다지고, 각 Unit의 주요
문장들의 구조에 익숙해지도록
하였습니다.

Grammar Practice II

Grammar Practice I보다 심화한 문제 풀이를
통해 필수 영문법과 각 Unit의 주요 문장들을
마스터하도록 하였습니다.

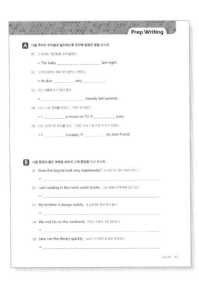

Prep Writing

본격적인 영작에 들어가기 전에 준비하는
단계로 학습한 필수 영문법을 문장에 적용하여
올바른 문장 쓰기를 연습할 수 있도록
하였습니다.

Sentence Writing

앞에서 배운 필수 영문법과 단계적 준비과정을
통해 익힌 실력으로 본격적인 완전한
영어문장 쓰기를 할 수 있도록 하였습니다.

A 다음 문장에서 알맞은 것을 고르시오.

01 He is living happy | happily in the country now.

02 The clerk is always nice | nicely to us.

03 The girl closed quietly the door | the door quietly .

04 Our grandparents often visit us | our on the weekend.

05 Her voice sounded very angry | angrily at that time.

B 다음 주어진 우리말과 일치하도록 빈칸에 알맞은 말을 쓰시오.

01 그녀의 얼굴은 작지만, 그녀의 눈은 크다.
→ Her face _____ but her eyes _____

02 그는 어제 세차했다. 그래서 그것은 지금 깨끗해 보인다.
→ He _____ his car yesterday. So it _____ now.

03 나는 그를 잘 알지 못하지만, 그는 항상 열심히 일한다.
→ I don't _____ well, but he always _____

C 다음 주어진 말을 이용하여 우리말을 영작하시오.

01 그 딸기들은 매우 달콤한 냄새가 난다. (sweet)

02 그 못생긴 개구리는 잘생긴 왕자가 되었다. (ugly)

Self-Study

필수 영문법을 토대로 한 올바른 영어문장 쓰기를 스스로 마무리하는 단계로 영문법에 대한 이해도와 자신의 영작 실력을 점검해 볼 수 있도록 하였습니다.

Actual Test

[01~02] 다음 빈칸에 들어갈 수 있는 것을 고르시오.

01 The baby doesn't look _____.
① sadly ② health ③ peace ④ sleepy ⑤ happily

02 We visit _____ every weekend.
① our uncle ② they ③ hers ④ his ⑤ our

[03~04] 다음 빈칸에 들어갈 수 없는 것을 고르시오.

03 My friend _____ some flowers to me.
① gave ② bought ③ brought ④ showed ⑤ sent

04 My father works _____.
① in a bank ② at night ③ fast ④ hard ⑤ diligent

[05~06] 다음 빈칸에 알맞은 말이 바르게 짝지어진 것을 고르시오.

05 Susan dances _____. Her song sounds _____.
① beautifully, beautiful ② beautiful, beautifully ③ beautifully, beauty
④ beautifully, beautifully ⑤ beautiful, beautiful

06 He gave a lot of advice _____ me, so I bought a big lunch _____ him.
① to, to ② for, to ③ for, for ④ to, of ⑤ to, for

07 다음 빈칸에 공통으로 들어갈 알맞은 전치사를 고르시오.
· The old man told a scary story _____ us.
· She showed her old pictures _____ me.
· Do you sometimes send letters _____ your pan pal?
① to ② for ③ of ④ in ⑤ at

08 다음 중 밑줄 친 부분이 바르지 못한 것을 고르시오.
① This shampoo smells badly.
② Brian fixed his computer easily.
③ Can I ask a question of you?
④ He will become a firefighter.
⑤ She gets up early in the morning.

09 다음 중 올바른 문장이 아닌 것을 두 개 고르시오.
① Mr. Smith teaches math us.
② My parents like its very much.
③ She wrote a letter to her friend.
④ Her baby sleeps well at night.
⑤ Sea water tastes salty.

10 다음 중 문장을 같은 의미의 문장으로 바르게 바꾼 것을 고르시오.
① We gave the tree some water. → We gave some water for the tree.
② He sent me a birthday present. → He sent a birthday present to me.
③ I made her some sandwiches. → I made some sandwiches to her.
④ You can ask her some questions. → You can ask some questions for her.
⑤ She always tells us funny stories. → She always tells funny stories of us.

[11~12] 다음 우리말을 영작했을 때 밑줄 친 부분 중 틀린 것을 고르시오.

11 네 배낭은 비싸 보인다. 누가 너에게 그것을 사주었니?
→ Your backpack looks expensively. Who bought it for you?
    ①   ②   ③   ④   ⑤

12 나는 내 여동생에게 스파게티를 만들어주었고, 그녀는 설거지를 했다.
→ I made for my sister spaghetti, and she washed the dishes.
    ①   ②   ③   ④   ⑤

13 다음 중 우리말을 올바르게 영작한 것이 아닌 것을 고르시오.
① 그 영화는 매우 슬펐다. → The movie was very sadly.
② 그녀는 나에게 약간의 쿠키를 주었다. → She gave some cookies to me.
③ 그 약은 맛이 쓰다. → The medicine tastes bitter.
④ 우리는 5년 전에 서울에서 살았다. → We lived in Seoul 5 years ago.
⑤ 나는 창문을 조용히 열었다. → I opened the window quietly.

Actual Test

각 Chapter에서 배운 내용들을 통합하여 내신에 자주 출제되는 유형의 객관식 문제와 서술형 문제로 구성하여 학교 내신 대비뿐만 아니라 자신의 실력을 평가해 볼 수 있도록 하였습니다.

정답 및 해설

본문 문제들의 정답 및 명쾌한 해설과 문장의 해석을 수록하였습니다. 틀린 문제와 해석이 되지 않는 문제들을 정답지를 통해 확인하면서 다시 한 번 생각하고 점검해 볼 수 있습니다.

Contents

Chapter 01

문장의 형식

☑ 영작 Key Point

주어 + 동사	He swims.
주어 + 동사 + 보어	She became a doctor.
주어 + 동사 + 목적어	I know the woman.
주어 + 동사 + 간접목적어 + 직접목적어	Mr. Smith teaches us English.

UNIT 01 주어 + 동사 + (보어/목적어)

A 주어 + 동사 + (수식어)

주어와 동사만으로 하나의 의미를 가지는 완전한 문장이 되는데, 동사를 꾸며주는 부사나 부사구가 수식어로 올 수 있다.

주어	동사	(수식어)	해석
She	dances.		그녀는 춤을 춘다.
She	dances	beautifully.	그녀는 아름답게 춤을 춘다.
They	work	very hard.	그들은 매우 열심히 일한다.

➔ **Grammar Plus** 주어는 보통 문장 맨 앞에 와서 '∼은/는, ∼이/가'로 해석되며, 일반적으로 명사나 대명사가 온다. 동사는 주어의 동작이나 상태를 나타내는 말로, '∼이다, ∼하다'로 해석된다.

B 주어 + 동사 + 보어 + (수식어)

주어와 동사만으로 문장이 성립되지 않고, 동사 뒤에 주어의 성질이나 상태 등을 보충 설명해주는 보어가 온다. 보어 자리에는 보통 명사나 형용사가 오고, be, become, 감각동사 등이 주로 쓰인다.

주어	동사	보어	(수식어)	해석
Mr. Baker	was	a teacher	ten years ago.	Baker 씨는 10년 전에 선생님이었다.
He	became	a pilot.		그는 조종사가 되었다.
I	am	honest.		나는 정직하다.
We	became	famous.		우리는 유명해졌다.
It	sounds	strange.		그것은 이상하게 들린다.
The pizza	tastes	good.		그 피자는 맛이 좋다.
They	felt	tired	yesterday.	그들은 어제 피곤함을 느꼈다.

➔ **Grammar Plus** 감각동사에는 look, sound, taste, smell, feel 등이 있고, 감각동사 뒤의 보어 자리에는 형용사만 온다.

C 주어 + 동사 + 목적어 + (수식어)

주어와 동사만으로 문장이 성립되지 않고, 동사 뒤에 목적어가 온다. 목적어 자리에는 보통 명사나 대명사가 오고, '∼을/를, ∼에게'로 해석된다.

주어	동사	목적어	(수식어)	해석
I	play	the piano.		나는 피아노를 친다.
He	likes	them.		그는 그들을 좋아한다.
We	clean	the house	every weekend.	우리는 주말마다 집을 청소한다.

➔ **Grammar Plus** 목적어 자리에 대명사가 오는 경우 목적격으로 쓴다.

A 다음 문장에서 밑줄 친 부분의 문장 요소(주어/동사/보어/목적어)를 구분하여 쓰시오.

01 <u>My sister</u> goes to church on Sunday.   (➡ _____)

02 We <u>lived</u> in Seoul 3 years ago.   (➡ _____)

03 This cake doesn't taste <u>good</u>.   (➡ _____)

04 Michael invited <u>us</u> to his house.   (➡ _____)

05 Your grandmother looks <u>healthy</u>.   (➡ _____)

06 He is reading <u>comic books</u> in his room.   (➡ _____)

07 Tommy became <u>a university student</u>.   (➡ _____)

08 <u>The movie</u> will start in 5 minutes.   (➡ _____)

09 His voice <u>sounded</u> happy today.   (➡ _____)

10 I do <u>my homework</u> after school.   (➡ _____)

B 다음 문장에서 알맞은 것을 고르시오.

01 She looked sad | sadly yesterday.

02 We looked | met your sister on the street.

03 The students are studying hard | hardly now.

04 The children felt thirst | thirsty last night.

05 My parents like they | them very much.

06 The flowers in the vase smell good | well .

07 An elephant is very heavy | heavily .

08 You were very beautiful | beautifully at the party.

09 The eagle was flew | flew so high.

10 He speaks | speaks with two different languages.

11 My father always smiles bright | brightly .

12 His voice will become loud | loudly .

> **Grammar Guide**
> • 감각동사 (look/sound/taste/smell/feel) + 형용사
> • 수식어는 모든 문장에 쓸 수 있으며, 주로 부사나 부사구 형태이다.

Grammar Practice II

A 다음 문장에서 밑줄 친 부분을 바르게 고쳐 쓰시오.

01 The sunrise was <u>greatly</u> this morning.   (➡ ＿＿＿＿＿)

02 This chicken soup tastes <u>salt</u>.   (➡ ＿＿＿＿＿)

03 Sam didn't find his umbrella <u>easy</u>.   (➡ ＿＿＿＿＿)

04 She plays the piano very <u>good</u>.   (➡ ＿＿＿＿＿)

05 They always help <u>our</u> on the weekend.   (➡ ＿＿＿＿＿)

06 I <u>waited</u> him all day long.   (➡ ＿＿＿＿＿)

07 Suddenly, the classroom became <u>quietly</u>.   (➡ ＿＿＿＿＿)

08 Those mountains are so <u>highly</u>.   (➡ ＿＿＿＿＿)

09 He will never forget <u>your and I</u>.   (➡ ＿＿＿＿＿)

10 The students felt <u>happily</u> at the news.   (➡ ＿＿＿＿＿)

B 다음 보기와 같이 밑줄 친 부분의 문장 요소를 구분하여 쓰고 해석하시오.

> **보기** <u>Edison</u> <u>was</u> <u>a great inventor</u>.
>   주어   동사   보어   (➡ Edison은 위대한 발명가였다.)

01 <u>They</u> <u>will become</u> <u>good pilots</u>.

(➡ ＿＿＿＿＿＿＿＿＿＿＿＿＿＿＿＿＿)

02 <u>The dog</u> often <u>barks</u> loudly at night.

(➡ ＿＿＿＿＿＿＿＿＿＿＿＿＿＿＿＿＿)

03 <u>Jenny</u> <u>made</u> <u>a snowman</u> last winter.

(➡ ＿＿＿＿＿＿＿＿＿＿＿＿＿＿＿＿＿)

04 <u>The lemon</u> <u>tastes</u> very <u>sour</u>.

(➡ ＿＿＿＿＿＿＿＿＿＿＿＿＿＿＿＿＿)

05 <u>We</u> <u>learn</u> <u>Chinese</u> at school.

(➡ ＿＿＿＿＿＿＿＿＿＿＿＿＿＿＿＿＿)

A 다음 주어진 우리말과 일치하도록 빈칸에 알맞은 말을 쓰시오.

01 그 아기는 지난밤에 크게 울었다.

→ The baby _____ _____ last night.

02 그것의 피부는 매우 부드럽게 느껴진다.

→ Its skin _____ very _____.

03 지난 여름에 비가 많이 왔다.

→ _____ _____ heavily last summer.

04 나는 TV로 영화를 보았다. 그것은 무서웠다.

→ I _____ a movie on TV. It _____ scary.

05 나는 강아지 한 마리를 샀다. 그것은 나의 가장 친한 친구가 되었다.

→ I _____ a puppy. It _____ my best friend.

B 다음 문장의 틀린 부분을 바르게 고쳐 문장을 다시 쓰시오.

01 Does this bicycle look very expensively? 이 자전거는 매우 비싸 보이니?

→ _____

02 I am reading in the room comic books. 나는 방에서 만화책을 읽고 있다.

→ _____

03 My brother is always luckily. 내 남동생은 항상 운이 좋다.

→ _____

04 We visit his on the weekend. 우리는 주말에 그를 방문한다.

→ _____

05 Jane ran the library quickly. Jane은 도서관으로 급히 달려갔다.

→ _____

Sentence Writing

A 다음 우리말과 일치하도록 주어진 단어를 올바르게 배열하시오.

01 그 소파는 정말로 편안해 보였다. (really, looked, comfortable, the sofa)

➡ _____

02 우리는 지난 여름에 바다에서 수영했다. (in the sea, last, we, swam, summer)

➡ _____

03 야구는 내가 가장 좋아하는 스포츠가 아니다. (is, favorite, not, baseball, sport, my)

➡ _____

04 그녀는 오후에 자전거를 탈 것이다. (bike, will, she, in the afternoon, her, ride)

➡ _____

B 다음 주어진 말을 이용하여 우리말을 영작하시오.

01 우리는 내년에 중학생이 될 것이다. (become, middle school student)

➡ _____

02 첫 기차는 아침 일찍 온다. (the first train)

➡ _____

03 Julie는 전철에서 그녀의 가방을 잃어버렸다. (on the subway)

➡ _____

04 그녀는 오늘 학교에서 외로움을 느꼈다. (lonely, at school)

➡ _____

05 나는 그 문제를 쉽게 풀지 못했다. (solve)

➡ _____

A 다음 문장에서 알맞은 것을 고르시오.

01 He is living happy | happily in the country now.

02 The clerk is always nice | nicely to us.

03 The girl closed quietly the door | the door quietly .

04 Our grandparents often visit us | our on the weekend.

05 Her voice sounded very angry | angrily at that time.

B 다음 주어진 우리말과 일치하도록 빈칸에 알맞은 말을 쓰시오.

01 그녀의 얼굴은 작지만, 그녀의 눈은 크다.

→ Her face _____ _____, but her eyes _____ _____.

02 그는 어제 세차했다. 그래서 그것은 지금 깨끗해 보인다.

→ He _____ his car yesterday. So it _____ _____ now.

03 나는 그를 잘 알지 못하지만, 그는 항상 열심히 일한다.

→ I don't _____ _____ well, but he always _____ _____.

C 다음 주어진 말을 이용하여 우리말을 영작하시오.

01 그 딸기들은 매우 달콤한 냄새가 난다. (sweet)

→ _____

02 그 못생긴 개구리는 잘생긴 왕자가 되었다. (ugly)

→ _____

03 나의 아버지는 2년 전에 은행에서 일하셨다. (at the bank)

→ _____

04 Mike는 어제 그의 숙제를 끝내지 못했다. (finish)

→ _____

UNIT 02 주어 + 동사 + 간접목적어 + 직접목적어

Grammar Point

A 주어 + 동사 + 간접목적어 + 직접목적어

동사 뒤에 두 개의 목적어가 와서 「주어 + 동사 + 간접목적어 + 직접목적어」로 구성된 문장이다. 두 개의
목적어 중에서 앞에 오는 간접목적어는 '~에게'로 해석되고, 뒤에 오는 직접목적어는 '~을/를'로 해석된다.

주어	동사	간접목적어	직접목적어	해석
He	gave	Kate	some flowers.	그는 Kate에게 약간의 꽃을 주었다.
Mr. Baker	teaches	them	math.	Baker 씨는 그들에게 수학을 가르친다.
She	sent	him	an email.	그녀는 그에게 이메일을 보냈다.
The cook	made	us	pizza.	그 요리사는 우리에게 피자를 만들어주었다.
They	bought	her	a hat.	그들은 그녀에게 모자를 사주었다.
I	asked	my teacher	a question.	나는 선생님에게 질문을 했다.

➡ **Grammar Plus** 동사 뒤에 두 개의 목적어가 오는 동사에는 give, teach, send, bring, show, tell, write, buy, make, ask 등이 있다.

B 주어 + 동사 + 직접목적어 + 전치사 + 간접목적어

• 「주어 + 동사 + 간접목적어 + 직접목적어」인 문장은 간접목적어 앞에 전치사 to, for, of를 쓰고,
직접목적어와 자리를 바꿀 수 있다.

주어	동사	직접목적어	전치사	간접목적어
He	gave	some flowers	to	Kate.
Mr. Baker	teaches	math	to	them.
She	sent	an email	to	him.
The cook	made	pizza	for	us.
They	bought	a hat	for	her.
I	asked	a question	of	my teacher.

➡ **Grammar Plus** He wrote me a letter. → He wrote a letter to me. (O) He wrote a letter me. (X)

• 간접목적어 앞에 쓰는 전치사

전치사 **to**를 쓰는 동사	give, teach, send, bring, show, tell, write 등	He wrote me a letter. ➡ He wrote a letter to me.
전치사 **for**를 쓰는 동사	buy, make 등	I bought him a present. ➡ I bought a present for him.
전치사 **of**를 쓰는 동사	ask 등	She asked me a question. ➡ She asked a question of me.

A 다음 문장에서 간접목적어와 직접목적어를 찾아 밑줄을 긋고 해석하시오.

01 My grandmother always tells me interesting stories.

➡ _____

02 We asked our math teacher many questions.

➡ _____

03 He will make you a model airplane.

➡ _____

04 My father will buy me a watch.

➡ _____

05 Did you give her a birthday present?

➡ _____

B 다음 문장에서 알맞은 것을 고르시오.

01 She gave me an apple | an apple me yesterday.

02 David lent to Jenny | Jenny his notebook.

03 We showed their | them our photos.

04 I didn't tell her to my secret | my secret .

05 He wrote a letter to | of his parents.

06 Her mother made us to spaghetti | spaghetti .

07 Your sister made a bag to | for me.

08 You taught English to | for | of the children.

09 The boy asked a difficult question to | for | of me.

10 They bought | gave a cellphone for him.

11 Can you give to me | me | I some time?

> **Grammar Guide**
>
> 간접목적어 앞에 쓰는 전치사
> · to → give, teach, send, bring, show, tell, write
> · for → buy, make
> · of → ask

Grammar Practice II

A 다음 보기와 같이 두 문장이 같은 의미가 되도록 빈칸을 채우시오.

> 보기 ▶ He told us some scary stories. = He told some scary stories <u>to us</u>.

01 She gave me a lunchbox. = She gave a lunchbox _____.

02 I sent Brian a Christmas card. = I sent a Christmas card _____.

03 He asked her my address. = He asked my address _____.

04 Paul bought us some chocolate. = Paul bought some chocolate _____.

05 We lent him some money. = We lent some money _____.

06 You showed them a new cellphone. = You showed a new cellphone _____.

07 My uncle teaches us history. = My uncle teaches history _____.

08 They made the children pizza. = They made pizza _____.

B 다음 보기와 같이 두 문장이 같은 의미가 되도록 문장을 바꾸어 다시 쓰시오.

> 보기 ▶ He didn't write her a card. = <u>He didn't write a card to her.</u>

01 My aunt made us banana juice.

= _____

02 The company sent people free samples.

= _____

03 The teacher asked me an easy question.

= _____

04 Did Jason buy his mother some roses?

= _____

05 They didn't lend us their computer.

= _____

A 다음 주어진 우리말과 일치하도록 빈칸에 알맞은 말을 쓰시오.

01 음악은 우리에게 행복을 준다.

→ Music _____ _____ happiness.

02 누가 너에게 그 소식을 말해주었니?

→ Who _____ the news _____ _____?

03 나는 너에게 약간의 쿠키를 만들어줄 것이다.

→ I will _____ some cookies _____ _____.

04 그의 부모님은 나에게 나이를 물어보셨다.

→ His parents _____ my age _____ _____.

05 Emily는 나에게 우산을 빌려주었고, 나는 그것을 그녀에게 가져다 주었다.

→ Emily _____ _____ her umbrella, and I brought it _____ her.

B 다음 문장의 밑줄 친 부분을 바르게 고쳐 문장을 다시 쓰시오.

01 Can I ask a question at you?

→ _____

02 My friend will give me to a free ticket.

→ _____

03 They bought some water and food to us.

→ _____

04 My friend Susan always tells our lies.

→ _____

05 A kind man showed the way them.

→ _____

06 She sent to me some photos by email.

→ _____

Sentence Writing

• 주어 + 동사 + 간접목적어 + 직접목적어   →   **He gave** his mother some flowers.
• 주어 + 동사 + 직접목적어 + 전치사 (to/for/of) + 간접목적어   →   **He gave** some flowers to his mother.

A 다음 우리말과 일치하도록 주어진 단어를 올바르게 배열하시오.

01 인터넷은 사람들에게 많은 정보를 준다. (people, very much, the Internet, gives, information)

➡ _____

02 Kate는 그녀의 아버지에게 넥타이를 사드릴 것이다. (will, Kate, buy, her, a tie, for, father)

➡ _____

03 나는 그에게 그의 전화번호를 물었다. (phone number, I, his, him, asked, of)

➡ _____

04 그는 나에게 네 비밀을 이야기해 주었다. (secret, told, to, he, your, me)

➡ _____

B 다음 주어진 말을 이용하여 우리말을 영작하시오.

01 Smith 씨는 그들에게 테니스를 가르친다. (tennis)

➡ _____

02 나의 할머니는 나에게 곰 인형을 만들어주셨다. (teddy bear)

➡ _____

03 누가 너에게 이 소포를 보냈니? (package)

➡ _____

04 그는 그녀에게 똑같은 질문을 했다. (the same)

➡ _____

05 그녀는 우리에게 전혀 도움을 주지 않았다. (help)

➡ _____

A 다음 문장에서 알맞은 것을 고르시오.

01 His mother cooked   his | him   a delicious lunch.

02 James sent   his friend a postcard | a postcard his friend   .

03 I will buy a cold drink   to | for | of   you.

04 Can you lend five dollars   to | for | of   me?

05 The man gave us   to some bread | some bread   .

B 다음 주어진 우리말과 일치하도록 빈칸에 알맞은 말을 쓰시오.

01 Alex는 그들에게 진실을 말하지 않았다.

→ Alex didn't _____ _____ the truth.

02 그 외국인은 우리에게 지도를 보여주었다.

→ The foreigner _____ a map _____ _____.

03 나의 부모님은 나에게 새 컴퓨터를 사주셨다.

→ My parents _____ a new computer _____ _____.

C 다음 주어진 말을 이용하여 우리말을 영작하시오.

01 그들은 그 가게에 그들의 낡은 자전거를 가져다 주었다. (old)

→ _____

02 그녀는 그 가수에게 팬레터를 썼다. (fan letter)

→ _____

03 그는 손자에게 연을 만들어주었다. (grandson)

→ _____

04 David는 나에게 어리석은 질문을 했다. (stupid)

→ _____

Actual Test

[01-02] 다음 빈칸에 들어갈 수 있는 것을 고르시오.

01 The baby doesn't look _____.

    ① sadly   ② health   ③ peace   ④ sleepy   ⑤ happily

02 We visit _____ every weekend.

    ① our uncle   ② they   ③ hers   ④ his   ⑤ our

[03-04] 다음 빈칸에 들어갈 수 없는 것을 고르시오.

03 My friend _____ some flowers to me.

    ① gave   ② bought   ③ brought   ④ showed   ⑤ sent

04 My father works _____.

    ① in a bank   ② at night   ③ fast   ④ hard   ⑤ diligent

[05-06] 다음 빈칸에 알맞은 말이 바르게 짝지어진 것을 고르시오.

05 Susan dances _____. Her song sounds _____.

    ① beautifully, beautiful   ② beautiful, beautifully   ③ beautifully, beauty

    ④ beautifully, beautifully   ⑤ beautiful, beautiful

06 He gave a lot of advice _____ me, so I bought a big lunch _____ him.

    ① to, to   ② for, to   ③ for, for   ④ to, of   ⑤ to, for

07 다음 빈칸에 공통으로 들어갈 알맞은 전치사를 고르시오.

    · The old man told a scary story _____ us.
    · She showed her old pictures _____ me.
    · Do you sometimes send letters _____ your pan pal?

    ① to   ② for   ③ of   ④ in   ⑤ at

08 다음 중 밑줄 친 부분이 바르지 못한 것을 고르시오.

① This shampoo <u>smells badly</u>. ② He will become <u>a firefighter</u>.
③ Brian fixed his computer <u>easily</u>. ④ She gets up <u>early</u> in the morning.
⑤ Can I ask a question <u>of you</u>?

09 다음 중 올바른 문장이 <u>아닌</u> 것을 <u>두 개</u> 고르시오.

① Mr. Smith teaches math us. ② Her baby sleeps well at night.
③ My parents like its very much. ④ Sea water tastes salty.
⑤ She wrote a letter to her friend.

10 다음 중 문장을 같은 의미의 문장으로 바르게 바꾼 것을 고르시오.

① We gave the tree some water. → We gave some water for the tree.
② He sent me a birthday present. → He sent a birthday present to me.
③ I made her some sandwiches. → I made some sandwiches to her.
④ You can ask her some questions. → You can ask some questions for her.
⑤ She always tells us funny stories. → She always tells funny stories of us.

[11-12] 다음 우리말을 영작했을 때 밑줄 친 부분 중 <u>틀린</u> 것을 고르시오.

11 네 배낭은 비싸 보인다. 누가 너에게 그것을 사주었니?

→ <u>Your</u> backpack looks <u>expensively</u>. <u>Who</u> <u>bought</u> it <u>for</u> you?
    ①   ②   ③ ④   ⑤

12 나는 내 여동생에게 스파게티를 만들어주었고, 그녀는 설거지를 했다.

→ I <u>made</u> <u>for</u> <u>my sister</u> <u>spaghetti</u>, and she <u>washed</u> the dishes.
    ① ② ③   ④   ⑤

13 다음 중 우리말을 올바르게 영작한 것이 <u>아닌</u> 것을 고르시오.

① 그 영화는 매우 슬펐다. → The movie was very sadly.
② 그녀는 나에게 약간의 쿠키를 주었다. → She gave some cookies to me.
③ 그 약은 맛이 쓰다. → The medicine tastes bitter.
④ 우리는 5년 전에 서울에서 살았다. → We lived in Seoul 5 years ago.
⑤ 나는 창문을 조용히 열었다. → I opened the window quietly.

14 지난밤에 비가 많이 와서, 땅이 젖어있었다.

→ It _____ heavily last night, so the ground _____ _____.

15 그는 우리의 수학 선생님이다. 그는 우리에게 많은 숙제를 내준다.

→ He _____ our math teacher. He _____ _____ a lot of homework.

[16-17] 다음 주어진 말을 이용하여 우리말을 영작하시오.

16 그녀는 3년 전에 치과 의사가 되었다. (become, dentist)

→ _____

17 그는 나에게 내 몸무게를 물었다. (weight)

→ _____

[18-20] 다음 표를 보고 **Kate**의 질문에 완전한 문장으로 대답하시오.

	Event	Present	To Whom
I	Parents' Day	carnations	my parents
my mother	my birthday	make a cake	me
my father	my birthday	a bike	me

18 Kate What did you give to your parents on Parents' Day?

Me _____

19 Kate What did your mother do on your birthday?

Me _____

20 Kate What did your father buy on your birthday?

Me _____

Chapter 02

시제

✔ 영작 Key Point

현재	am/are/is	She is pretty.
	동사원형 또는 동사원형-(e)s	I teach math. He teaches math.
과거	was/were	They were at home.
	동사원형-ed 또는 불규칙 동사	He played soccer. I drank milk.
미래	will/be going to + 동사원형	We will study. We are going to study.
현재완료	have/has + 과거분사	I have eaten lunch. He has eaten lunch.

UNIT
03 단순 시제 (현재, 과거, 미래)

Grammar Point

A 현재 시제

현재 시제는 현재의 사실이나 상태, 반복되는 동작이나 습관, 일반적·과학적 사실이나 진리 등을 말할 때 쓴다.
현재 시제에서 be동사는 주어에 따라 am/are/is를 쓰고, 일반동사는 주어가 1, 2인칭이거나 복수일 때는
동사원형을 쓰고, 3인칭 단수일 때는 동사원형에 보통 -(e)s를 붙인다.

긍정문	He is a pilot. 그는 비행사다. (현재의 사실) I always brush my teeth after meals. 나는 식사 후에 항상 이를 닦는다. (반복되는 동작) Water boils at 100℃. 물은 100℃에서 끓는다. (과학적 사실)
부정문	They are not from China. 그들은 중국 출신이 아니다. Mary doesn't study hard. Mary는 열심히 공부하지 않는다.
의문문	Are you busy every weekend? 너는 주말마다 바쁘니? Does your sister have long hair? 네 여동생은 머리가 기니?

B 과거 시제

과거 시제는 과거의 동작이나 상태, 역사적 사실 등을 말할 때 쓴다. 과거 시제에서 be동사는 주어에 따라
was/were를 쓰고, 일반동사는 동사원형에 보통 -ed를 붙인다.

긍정문	She was sick last week. 그녀는 지난주에 아팠다. (과거의 상태) I helped my parents yesterday. 나는 어제 부모님을 도와드렸다. (과거의 동작) The Korean War broke out in 1950. 한국 전쟁은 1950년에 일어났다. (역사적 사실)
부정문	We were not hungry yesterday. 우리는 어제 배가 고프지 않았다. He didn't tell a lie. 그는 거짓말을 하지 않았다.
의문문	Were you at home last night? 너는 지난밤 집에 있었니? Did he ride his bike yesterday? 그는 어제 자전거를 탔니?

➔ **Grammar Plus** 과거 시제는 주로 yesterday, ago, last, in + 연도 등과 함께 쓴다.

C 미래 시제

미래 시제는 미래에 일어날 일이나 상황 등을 말할 때 쓰는데, 동사원형 앞에 will이나 be going to를 쓴다.

긍정문	She will be a teacher. 그녀는 선생님이 될 것이다. (미래에 일어날 일) It is going to rain soon. 곧 비가 올 것이다. (미래에 일어날 상황)
부정문	It won't be hot tomorrow. 내일은 덥지 않을 것이다. The baby is not going to cry. 그 아기는 울지 않을 것이다.
의문문	Will they come to the party? 그들이 파티에 올까? Are you going to be 10 years old next year? 너는 내년에 10살이 되니?

➔ **Grammar Plus** 미래 시제는 주로 tomorrow, tonight, next, soon 등과 함께 쓴다.

A 다음 문장에서 알맞은 것을 고르시오.

01 I   am | was | will be   tired now.

02 We   are | were | will be   busy yesterday.

03 Your mother   is | was | will be   back soon.

04 She   sleeps | slept | will sleep   well last night.

05 The Earth   is | was | will be   round.

06 Spain   won | wins   the World Cup in 2010.

07 He usually   goes | go | will go   to school on foot.

08 My father   is going to leave | left   for Japan tomorrow.

09 A week   has | have | had   7 days.

10 They   doesn't | didn't | won't   watch TV last weekend.

11 Yesterday, it   was | is | will be   sunny. Today, it   was | is | will be   cloudy.
Tomorrow, it   was | is | will be   rainy.

> **Grammar Guide**
> • 현재 시제 → 현재의 사실이나 상태, 반복되는
>   동작이나 습관, 일반적 · 과학적 사실이나 진리
> • 과거 시제 → 과거의 동작이나 상태, 역사적 사실
> • 미래 시제 → 미래에 일어날 일이나 상황

B 다음 괄호 안의 동사를 빈칸에 알맞은 형태로 바꾸어 쓰시오.

01 The moon _____ around the Earth. (turn)

02 We _____ them tomorrow. (visit)

03 The museum _____ on Monday. (not open)

04 Bell _____ the telephone in 1876. (invent)

05 This year, the English teacher _____ from England. (be)

06 My uncle _____ a car last year. (not buy)

07 The music _____ a few minutes ago. (stop)

08 These days, the students usually _____ soccer after school. (play)

09 The cats _____ in the garden an hour ago. (be)

10 It _____ snowy next Friday. (not be)

A 다음 문장에서 밑줄 친 부분을 바르게 고쳐 쓰시오.

01 London <u>was</u> the capital of England.　　　　(➡ _____)

02 He <u>is</u> a middle school student next year.　　(➡ _____)

03 The sun <u>rose</u> in the east.　　　　　　　　(➡ _____)

04 Korea <u>holds</u> the Olympic Games in 1988.　(➡ _____)

05 My sister <u>will be</u> fat 2 years ago.　　　　(➡ _____)

06 We are going to <u>had</u> a party this Friday.　(➡ _____)

07 <u>Are</u> you come back late last night?　　　(➡ _____)

08 He <u>is</u> not get up early tomorrow.　　　　(➡ _____)

09 They <u>don't</u> fight each other yesterday.　　(➡ _____)

10 Is she going to <u>meets</u> her friends tonight?　(➡ _____)

B 다음 주어진 문장을 지시대로 바꾸어 쓰시오.

01 His father is a police officer.

　　부정문 ▶ _____

　　의문문 ▶ _____

02 Mr. Brown will teach English at school next year.

　　부정문 ▶ _____

　　의문문 ▶ _____

03 They had a test last Monday.

　　부정문 ▶ _____

　　의문문 ▶ _____

04 Mike plays the drum on the weekend.

　　부정문 ▶ _____

　　의문문 ▶ _____

A 다음 주어진 우리말과 일치하도록 빈칸에 알맞은 말을 쓰시오.

01 James는 대개 걸어서 학교에 간다.

→ James usually _____ to school on foot.

02 그녀와 나는 다음 주에 바쁠 것이다.

→ She and I _____ _____ to _____ busy next week.

03 토끼는 두 개의 긴 귀를 가지고 있고, 채소를 먹는다.

→ A rabbit _____ two long ears and _____ vegetables.

04 네 방은 지금 지저분해 보인다. 너는 어제 네 방을 청소했니?

→ Your room _____ dirty now. _____ you _____ it yesterday?

05 그는 어제 Jane을 만나서, 오늘은 그녀를 만나지 않을 것이다.

→ He _____ Jane yesterday, so he _____ _____ her today.

B 다음 주어진 말을 사용하여 질문에 답하시오.

01 Ⓐ What does your father do in the evening? (watch the news on TV)

Ⓑ _____

02 Ⓐ Where were they last weekend? (at the amusement park)

Ⓑ _____

03 Ⓐ What will she do next Monday? (go to the dentist)

Ⓑ _____

04 Ⓐ What do your friends do after school? (play baseball)

Ⓑ _____

05 Ⓐ Who invented the light bulb? (Edison)

Ⓑ _____

06 Ⓐ What are you going to be in the future? (an astronaut)

Ⓑ _____

Sentence Writing

- 현재의 사실, 반복되는 동작, 과학적 사실 등을 말할 때 현재 시제를 쓴다. → He often walks to school.
- 과거의 동작이나 상태, 역사적 사실 등을 말할 때 과거 시제를 쓴다. → She wrote me a letter.
- 미래에 일어날 일이나 상황 등을 말할 때 미래 시제를 쓴다. → I will/am going to study.

A 다음 우리말과 일치하도록 주어진 단어를 올바르게 배열하시오.

01 피카소는 이 그림을 1937년에 그렸다. (picture, drew, in 1937, Picasso, this)

➡ _____

02 내 여동생은 항상 10시에 잠자리에 든다. (goes to bed, at 10, sister, always, my)

➡ _____

03 나는 내일 너에게 케이크를 만들어줄 것이다. (a cake, you, tomorrow, make, for, I, will)

➡ _____

04 8 더하기 13은 21이다. (makes, twenty-one, thirteen, plus, eight)

➡ _____

B 다음 주어진 말을 이용하여 우리말을 영작하시오.

01 우리는 다음 주에 제주도에 있을 것이다. (Jeju Island)

➡ _____

02 지난 여름에는 습하지 않았다. (humid)

➡ _____

03 무지개는 일곱 가지 색을 가지고 있다.

➡ _____

04 그녀는 대개 저녁에 목욕을 한다. (take a bath)

➡ _____

05 그의 할아버지는 5년 전에 돌아가셨다. (die)

➡ _____

A 다음 문장에서 알맞은 것을 고르시오.

01 Penny learns | learned | will learn Chinese next year.

02 A year has | had | will have twelve months.

03 The Korean War ends | ended | will end in 1953.

04 Will | Does | Did the train always arrive on time nowadays?

05 It was | is rainy yesterday, but I didn't bring | brought my umbrella.

B 다음 주어진 우리말과 일치하도록 빈칸에 알맞은 말을 쓰시오.

01 Tommy는 어제 집에 있었지만, 지금은 집에 없다.

→ Tommy _____ at home yesterday, but he _____ at home now.

02 그들은 다음 휴가에 유럽에 갈 것이다.

→ They _____ _____ to _____ to Europe next vacation.

03 나는 어제 시계를 잃어버려서, 새 시계를 살 것이다.

→ I _____ my watch yesterday, so I _____ _____ a new one.

C 다음 주어진 말을 이용하여 우리말을 영작하시오.

01 너희는 파티에서 즐거운 시간을 보낼 것이다. (have fun)

→ _____

02 빛은 소리보다 빠르다. (light, sound)

→ _____

03 우리 가족은 지난 토요일에 외식을 했다. (eat out)

→ _____

04 나의 할머니는 매주 일요일에 교회에 가신다. (church, every Sunday)

→ _____

UNIT 04 현재완료

Grammar Point

A 현재완료의 형태 및 과거분사

• 현재완료는 「have/has + 과거분사」의 형태로, 과거의 일이 현재까지 영향을 미치거나, 과거에 시작된 일이 현재까지 계속되고 있을 때 쓴다.

주어	have/has	과거분사	해석
I They	have	been to America. just arrived in Seoul.	나는 미국에 가본 적이 있다. 그들은 막 서울에 도착했다.
He She	has	lost his cellphone. lived here for 10 years.	그는 휴대전화를 잃어버렸다. 그녀는 여기에서 10년 동안 살고 있다.

• 과거분사의 형태는 규칙 동사는 동사원형에 -ed를 붙인 과거형과 같고, 불규칙 동사는 일정한 규칙이 없이 변한다. (정답 및 해설 pp. 29 - 30 불규칙 동사표 참조)

동사원형	과거형	과거분사형	동사원형	과거형	과거분사형
be	was/were	been	have	had	had
break	broke	broken	do	did	done
buy	bought	bought	drive	drove	driven
come	came	come	hit	hit	hit
go	went	gone	meet	met	met

B 현재완료의 부정문과 의문문

현재완료의 부정문은 have/has와 과거분사 사이에 not을 쓴다. 현재완료의 의문문은 주어 앞에 Have/Has를 쓰고, 주어 뒤에 과거분사를 쓰며, 맨 뒤에 물음표를 붙인다.

현재완료의 부정문	I/You/We/They + have not + 과거분사	We haven't finished the work yet. 우리는 아직 그 일을 끝내지 못했다.
	He/She/It + has not + 과거분사	She hasn't eaten lunch yet. 그녀는 아직 점심을 먹지 않았다.
현재완료의 의문문	Have + I/you/we/they + 과거분사 ~?	Have you ever seen her? Yes, I have. 너는 그녀를 본 적이 있니? 응, 본 적이 있어.
	Has + he/she/it + 과거분사 ~?	Has he been to China? No, he hasn't. 그는 중국에 가본 적이 있니? 아니, 없어.

➔ **Grammar Plus** 현재완료의 의문문에 대한 대답은 Yes/No로 하는데, Yes 뒤에는 「주어 + have/has」가 오고, No 뒤에는 「주어 + haven't/hasn't」가 온다.

C 현재완료의 용법

용법	의미와 쓰임	예문
완료	• '지금 막 ~했다'로 해석 • 과거부터 해 온 일을 막 끝냈음을 표현 • 주로 just, already, yet 등과 함께 사용	She has just planted a tree. 그녀는 나무 한 그루를 지금 막 심었다.
경험	• '~한 적이 있다'로 해석 • 과거부터 현재까지의 경험을 표현 • 주로 ever, never, once, before 등과 함께 사용	Have you ever been to Europe? 너는 유럽에 가본 적이 있니?
계속	• '계속 ~해오고 있다'로 해석 • 과거에 시작된 일이 현재까지 계속되고 있음을 표현 • 주로 for, since 등과 함께 사용	We have lived in Seoul since 2010. 우리는 2010년 이후로 서울에서 살고 있다.
결과	• '~해버렸다'로 해석 • 과거에 한 일의 결과가 현재에도 영향을 미치는 것을 표현 • 주로 동사 lose, go 등이 쓰임	He has gone to London. 그는 런던에 가버렸다. (그는 런던에 가서 지금 여기에 없다.)

➡ **Grammar Plus** have gone to는 '가고 없다'는 의미로 I, you, we가 주어로 올 수 없다.
　　　　　　　　　　He has gone to Paris. (O)　I have gone to Paris. (X)

D 과거 시제 VS 현재완료

과거 시제	현재완료
과거에 일어나서 이미 끝난 일, 즉 과거의 일만을 나타낼 때 사용	과거의 일이 현재까지 영향을 미치거나, 과거에 시작된 일이 현재까지 계속되고 있을 때 사용
• I finished the work. 나는 그 일을 끝냈다. 　→ 과거에 끝냈음 • It was rainy yesterday. 어제 비가 왔다. 　→ 어제 비가 온 사실만 말함 • He went to London. 그는 런던에 갔다. 　→ 과거에 런던에 간 사실만 말함	• I have finished the work. 나는 그 일을 막 끝냈다. 　→ 지금 막 끝냈음 • It has been rainy since yesterday. 　어제부터 비가 계속 오고 있다. → 현재까지 비가 오고 있음 • He has lost his key. 그는 열쇠를 잃어버렸다. 　→ 잃어버려서 지금도 가지고 있지 않음
주로 과거를 나타내는 부사 yesterday, last, ago, in + 연도 등과 함께 쓴다.	주로 just, already, yet, ever, never, once, before, for, since 등과 함께 쓴다.

Grammar Practice I

다음 문장을 해석하고 현재완료의 용법(완료/경험/계속/결과)을 쓰시오.

01 They have never been to Spain.

→ _____ (   )

02 She has already finished her homework.

→ _____ (   )

03 My brother has gone to New Zealand.

→ _____ (   )

04 I have known him since 2010.

→ _____ (   )

05 Have you ever seen a rainbow?

→ _____ (   )

06 It has rained for two weeks.

→ _____ (   )

B 다음 괄호 안의 동사를 빈칸에 알맞은 현재완료 형태로 바꾸어 쓰시오.

01 The baby _____ _____ in the room for two hours. (sleep)

02 She _____ _____ _____ the book yet. (not read)

03 I _____ _____ my puppy on the street. (lose)

04 We _____ never _____ her parents. (meet)

05 _____ you ever _____ Indian food? (eat)

06 It _____ _____ snowy since last night. (be)

07 Your sister _____ _____ to the library. (go)

08 _____ the first train for Busan already _____? (leave)

09 My father _____ _____ at the bank for 10 years. (work)

10 They _____ _____ _____ in Korea since last year. (not be)

> **Grammar Guide**
> • 현재완료: 주어 + have/has + 과거분사
> • 현재완료의 부정문:
>   주어 + have/has not + 과거분사
> • 현재완료의 의문문:
>   Have/Has + 주어 + 과거분사 ~?

A 다음 문장에서 알맞은 것을 고르시오.

01 He have | has studied Chinese before.

02 David has not did | done his homework yet.

03 She has played | play the piano for five hours.

04 Has | Does James lost his umbrella?

05 Has your father already ate | eaten breakfast?

06 We have been | were busy since last weekend.

07 I haven't | didn't brushed my teeth yet.

08 My brother has never written | wrote a letter to me.

09 They bought | have bought a new car last Friday.

10 Have | Do you heard the rumor?

11 It has been | was hot and sunny yesterday.

12 Has | Does your sister found her money? Yes, she does | has .

B 다음 괄호 안의 주어진 말을 빈칸에 알맞은 형태로 바꾸어 쓰시오.

01 They _____ in the house since last year. (live)

02 She _____ in this apartment last year. (live)

03 The doctor _____ very busy yesterday. (be)

04 The nurse _____ tired since yesterday. (be)

05 Tony _____ to China before. (not be)

06 He _____ at home last Monday. (not be)

07 Jane _____ Korean food two times before. (eat)

08 We _____ our dog. We are looking for it now. (lost)

09 I _____ to the amusement park two years ago. (go)

10 My brother _____ this cellphone since last month. (use)

> **Grammar Guide**
>
> • 과거 시제 → 과거에 일어나서 이미 끝난 일을 나타낼 때
> • 현재완료 → 과거의 일이 현재까지 영향을 미치거나, 과거에 시작된 일이 현재까지 계속되고 있을 때

Grammar Practice III

A 다음 문장에서 밑줄 친 부분을 바르게 고쳐 쓰시오.

01 <u>Did</u> you finished your homework yet?   (→ _____)

02 His room <u>was</u> dirty since last weekend.   (→ _____)

03 He <u>has failed</u> the entrance exam last year.   (→ _____)

04 Have you ever <u>saw</u> a crocodile?   (→ _____)

05 Mr. Brown has <u>teach</u> us English for 2 years.   (→ _____)

06 She <u>has been</u> in the yard a few minutes ago.   (→ _____)

07 I <u>not have listened</u> to his song yet.   (→ _____)

08 James <u>doesn't have found</u> his shoes yet.   (→ _____)

09 Ashley <u>wore</u> glasses since three years ago.   (→ _____)

10 Has your brother come back? No, he <u>doesn't</u>.   (→ _____)

B 다음 주어진 문장을 지시대로 바꾸어 쓰시오.

01 He has arrived at the airport.

   부정문 ▷ _____

02 They have eaten dinner.

   부정문 ▷ _____

03 I have read his novel before.

   부정문 ▷ _____

04 Bill has finished his homework.

   의문문 ▷ _____

05 Tommy has gone to his uncle in China.

   의문문 ▷ _____

06 They have met him two times before.

   의문문 ▷ _____

A 다음 주어진 우리말과 일치하도록 빈칸에 알맞은 말을 쓰시오.

01 Helen은 5시간 동안 계속 그림을 그리고 있다.

→ Helen _____ _____ a picture for five hours.

02 나는 전에 학교에 결코 지각한 적이 없다.

→ I _____ _____ _____ late for school before.

03 우리는 아직 그 가방을 찾지 못했다.

→ We _____ _____ _____ the bag yet.

04 내 여동생은 안경을 잃어버려서, 지금 잘 볼 수 없다.

→ My sister _____ _____ her glasses, so she can't see well now.

05 너는 네 꿈에 대해 생각해본 적이 있니? 응, 생각해본 적이 있어.

→ _____ you ever _____ about your dream? Yes, I _____.

B 다음 주어진 말을 사용하여 질문에 답하시오.

01 Ⓐ Where have you been? (to the supermarket)

Ⓑ _____

02 Ⓐ What have you done for two hours? (take pictures)

Ⓑ _____

03 Ⓐ What has your father done since noon? (fix my computer)

Ⓑ _____

04 Ⓐ Where has Mr. Taylor gone? (New York)

Ⓑ _____

05 Ⓐ How long have they lived in Seoul? (since 2007)

Ⓑ _____

06 Ⓐ How long has she studied English? (for six years)

Ⓑ _____

Sentence Writing

Writing Guide

• 과거의 일이 현재까지 영향을 미칠 때 현재완료 「have/has + 과거분사」를 쓴다. → She has gone to China.
• 현재완료의 부정문은 「주어 + have/has not + 과거분사」 순으로 쓴다. → I have not seen it yet.
• 현재완료의 의문문은 「Have/Has + 주어 + 과거분사 ~?」 순으로 쓴다. → Have you eaten breakfast?

A 다음 우리말과 일치하도록 주어진 단어를 올바르게 배열하시오.

01 우리 팀은 아직 그 프로젝트를 끝내지 못했다. (the project, has, finished, our, not, yet, team)

➡ _____

02 Alice는 5년 동안 터키에서 살고 있다. (5 years, in Turkey, has, for, lived, Alice)

➡ _____

03 너는 벌써 그의 노트를 빌렸니? (already, notebook, have, borrowed, his, you, ?)

➡ _____

04 우리는 전에 그 박물관에 가본 적이 있다. (have, before, been, to the museum, we)

➡ _____

B 다음 주어진 말을 이용하여 우리말을 영작하시오.

01 그 버스는 지금 막 버스 정류장에 도착했다. (at the bus stop)

➡ _____

02 그들은 전에 초밥을 먹어본 적이 없다. (never, sushi)

➡ _____

03 나의 아버지는 그 은행에서 2년 전부터 일하고 계신다.

➡ _____

04 너는 유명한 배우를 만나본 적이 있니? (ever, famous)

➡ _____

05 내 친구는 홍콩으로 이사를 가버렸다. (Hong Kong)

➡ _____

A 다음 문장에서 알맞은 것을 고르시오.

01 It   was | has been   cold and snowy since last night.

02 We   were | have been   at the concert last weekend.

03   Have | Did   you ever seen this movie before?

04 Your sister has already   took | taken   an exam.

05 The boy   hasn't | didn't   finished his homework yet.

B 다음 주어진 우리말과 일치하도록 빈칸에 알맞은 말을 쓰시오.

01 Alex는 이미 그의 콘서트 표를 샀다.

→ Alex _____ already _____ his concert ticket.

02 나는 2002년에 서울로 이사했고, 그 이후로 서울에서 살고 있다.

→ I _____ to Seoul in 2002, and I _____ _____ here since then.

03 너는 골프를 쳐본 적이 있니? 아니, 없어.

→ _____ you ever _____ golf? No, I _____.

C 다음 주어진 말을 이용하여 우리말을 영작하시오.

01 그녀는 한국 음식을 먹어본 적이 있니? (ever, Korean food)

→ _____

02 그 소년은 공원에서 어머니를 잃어버렸다. (at the park)

→ _____

03 해가 아직 동쪽에서 뜨지 않았다. (in the east, yet)

→ _____

04 나의 어머니는 소파에 두 시간 동안 계속 앉아 계셨다. (on the sofa)

→ _____

Actual Test

[01-04] 다음 빈칸에 들어갈 수 있는 것을 고르시오.

01 She _____ to the library two hours ago.

    ① goes   ② doesn't go   ③ has gone   ④ went   ⑤ will go

02 We always _____ our teeth before bed.

    ① brushed   ② brush   ③ brushes   ④ will brush   ⑤ has brushed

03 He _____ in the hospital since last night.

    ① is   ② was   ③ been   ④ will be   ⑤ has been

04 I _____ you some questions tomorrow.

    ① will ask   ② has asked   ③ have asked   ④ asked   ⑤ is going to ask

[05-06] 다음 빈칸에 알맞은 말이 바르게 짝지어진 것을 고르시오.

05

    · It _____ snowy yesterday.
    · It _____ snowy now.
    · It _____ snowy since yesterday.
    · It _____ snowy next week.

    ① was, is, has been, will be   ② was, is, was, be   ③ was, is, is, is
    ④ was, is, was, will be   ⑤ has been, is, was, be

06

    · _____ you already bought a ticket?
    · _____ she give you a present a few minutes ago?

    ① Did, Has   ② Did, Have   ③ Has, Did   ④ Have, Did   ⑤ Have, Has

07 다음 두 문장을 한 문장으로 표현할 때 빈칸에 알맞은 것을 고르시오.

    He lost his car key yesterday. He still doesn't have it.
    → He _____ his car key.

    ① lost   ② loses   ③ has lost   ④ will lose   ⑤ have lost

08 다음 중 밑줄 친 부분이 바르지 <u>못한</u> 것을 고르시오.

① <u>Have you ever lived</u> in Seoul?　② He <u>has been</u> sick since yesterday.
③ I <u>will get up</u> early tomorrow.　④ Water <u>doesn't boil</u> at 98℃.
⑤ John <u>has sent</u> you an email last Monday.

09 다음 중 올바른 문장이 <u>아닌</u> 것을 고르시오.

① They haven't seen a hippo yet.　② She is going to come back tomorrow.
③ My aunt saved money since 2001.　④ The Korean War broke out in 1950.
⑤ He often plays baseball after school.

10 다음 중 문장을 지시대로 바르게 바꾼 것을 고르시오.

① I have been busy for a week.　부정문 ▸ I have not been busy for a week.
② They studied English.　부정문 ▸ They has not studied English.
③ She was sick yesterday.　부정문 ▸ She didn't be sick yesterday.
④ My sister does the dishes.　의문문 ▸ Does your sister the dishes?
⑤ He has watched the movie before.　의문문 ▸ Has he watch the movie before?

[11-12] 다음 우리말을 영작했을 때 밑줄 친 부분 중 틀린 것을 고르시오.

11 Amy는 매일 일기를 쓴다. 그녀는 10년 동안 일기를 써왔다.

➡ Amy <u>kept</u> a diary every day. <u>She</u> <u>has</u> <u>done</u> that <u>for</u> 10 years.
　　　①　　　　　　　　　②　③　④　　　⑤

12 나는 어제 David에게 편지를 보냈다. 나는 아직 답장을 받지 못했다.

➡ I <u>have</u> <u>sent</u> David a letter yesterday. I <u>have</u> <u>not</u> <u>gotten</u> an answer yet.
　　①　　②　　　　　　　　　　　③　④　⑤

13 다음 중 우리말을 올바르게 영작한 것이 <u>아닌</u> 것을 고르시오.

① 그는 대개 밤에 잠을 잘 잔다. → He usually sleeps well at night.
② 너는 벌써 숙제를 했니? → Have you already done your homework?
③ 그들은 이틀 동안 잠을 자지 못했다. → They haven't slept for two days.
④ 우리는 지난밤에 파티에 있었다. → We were at the party last night.
⑤ 그녀는 헝가리에 가본 적이 있다. → She has gone to Hungary.

[14-15] 다음 주어진 우리말과 일치하도록 빈칸에 알맞은 말을 쓰시오.

14 어제는 내 생일이었다. 그녀는 나에게 선물을 주었다.

→ It _____ my birthday yesterday. She _____ me a present.

15 그는 3시간 동안 공부를 하고 있다. 그는 곧 시험에 통과할 것이다.

→ He _____ _____ for 3 hours. He _____ _____ the test soon.

[16-17] 다음 주어진 말을 이용하여 우리말을 영작하시오.

16 나는 네 비밀을 말하지 않을 것이다. (secret)

→ _____

17 너는 아프리카에 가본 적이 있니? (ever, Africa)

→ _____

[18-22] 다음 Alex의 일정표를 보고 질문에 답하시오. (오늘은 토요일이다.)

	Mon	Tue	Wed	Thu	Fri	Sat	Sun
study math				→		→	
clean the house							→
write an essay		→				→	
go on a field trip	→						

18 A What day was it yesterday? B _____

19 A What did Alex do last Monday? B _____

20 A How long has Alex studied math? B _____

21 A What will Alex do tomorrow? B _____

22 A What has Alex done since last Tuesday? B _____

Chapter 03 비교

✔ 영작 Key Point

원급 비교	as + 원급 + as	Tom is as brave as you.
비교급	비교급 + than	He is taller than me.
	(비교급 강조) much + 비교급	He is much taller than me.
	비교급 + and + 비교급	It is getting warmer and warmer.
최상급	the + 최상급 + in/of	He is the strongest boy in my class. Winter is the coldest of all seasons.
	one of the + 최상급 + 복수명사	It is one of the hottest places in the world.

UNIT 05 비교급

비교급은 형용사나 부사를 이용하여 두 대상을 비교할 때 쓰는 것으로, 「비교급 + than」의 형태이다.

A 비교급 만들기

비교급은 대부분의 형용사나 부사 뒤에 -er을 붙이거나 앞에 more을 써서 만들고, '더 ~한'이라는 의미이다.

1음절 단어	뒤에 -er을 붙인다.	tall → taller, short → shorter, long → longer
-e로 끝나는 단어	뒤에 -r을 붙인다.	nice → nicer, wise → wiser, safe → safer
-y로 끝나는 단어	y를 i로 바꾸고 -er을 붙인다.	happy → happier, dirty → dirtier, pretty → prettier
'단모음 + 단자음'인 단어	끝 자음을 한 번 더 쓰고 -er을 붙인다.	hot → hotter, big → bigger, fat → fatter, thin → thinner
2음절 이상인 대부분의 단어	단어 앞에 more를 쓴다.	famous → **more** famous, popular → **more** popular, beautiful → **more** beautiful
불규칙하게 변하는 단어	–	good/well → **better**, bad → **worse**, many/much → **more**

B 비교급 표현

형태	의미	예문
비교급 + **than**	~보다 더 ...한	He is taller than me. 그는 나보다 더 키가 크다.
much + 비교급	훨씬 더 ~한	He is much taller than me. 그는 나보다 훨씬 더 키가 크다.
비교급 + **and** + 비교급	점점 더 ~한	He ran faster and faster. 그는 점점 더 빨리 달렸다. He is getting more and more famous. 그는 점점 더 유명해졌다.

➔ **Grammar Plus** 「비교급 + and + 비교급」 표현에서 앞에 more을 써서 비교급을 만드는 형용사는 「more + 형용사 and more + 형용사」가 아니라 「more and more + 형용사」로 쓴다.

C 원급 비교 VS 비교급

원급 비교는 비교하는 두 대상이 비슷하거나 같을 때 쓰는 것으로 「as + 원급 + as」의 형태이고, '~만큼 ...한' 이라고 해석한다.

	쓰임	형태	예문
원급 비교	두 대상을 비교하여 서로 동등한 것을 나타낼 때	as + 원급 + as (~만큼 ...한)	She is as tall as Bill. 그녀는 Bill만큼 키가 크다.
비교급	두 대상을 비교하여 어느 한쪽이 더 낫거나 못한 것을 나타낼 때	비교급 + than (~보다 더 ...한)	He is taller than me. 그는 나보다 더 키가 크다.

A 다음 문장에서 알맞은 것을 고르시오.

01 An airplane is more fast | faster than a bus.

02 Children are happy | happier than adults.

03 Today is as warm | warmer as yesterday.

04 The elephant is big | bigger than the mouse.

05 I have many | more homework than you.

06 His shoes were very | much dirtier than mine.

07 Harry danced better | good than George.

08 The book is interestinger | more interesting than the movie.

09 I got up much earlier as | than my brother.

10 The cat is getting fat | fatter and fat | fatter .

B 다음 괄호 안의 단어를 빈칸에 알맞은 형태로 바꾸어 쓰시오.

01 My sister is much _____ than me. (smart)

02 The weather is _____ than last Friday. (hot)

03 His condition is _____ than yesterday. (bad)

04 His question is _____ than hers. (easy)

05 The tower is _____ than the building. (high)

06 He has much _____ books than me. (many)

07 They are walking _____ and _____. (slow)

08 Your English is getting _____ and _____. (good)

09 This hotel is _____ than that one. (nice)

10 James is _____ _____ than you. (handsome)

11 The teacher talks as _____ as my father. (fast)

12 The actor is getting more and _____ _____. (famous)

> **Grammar Guide**
> • 비교급은 대부분의 형용사나 부사 뒤에 -er을 붙인다.
> • 2음절 이상인 단어는 앞에 more를 쓴다.
> • 어떤 단어들은 불규칙하게 변한다.
>   good → better, bad → worse

Grammar Practice II

A 다음 문장에서 밑줄 친 부분을 바르게 고쳐 쓰시오.

01 Julia is <u>more pretty</u> than her sister.   (➡ _____)

02 This sofa is <u>comfortabler</u> than mine.   (➡ _____)

03 My puppy is becoming <u>fat and fat</u>.   (➡ _____)

04 I have <u>much free time</u> than my brother.   (➡ _____)

05 His English score was <u>good</u> than yours.   (➡ _____)

06 The river is as <u>longer</u> as the Han River.   (➡ _____)

07 This car is <u>very</u> faster than that one.   (➡ _____)

08 His backpack is <u>biger</u> than yours.   (➡ _____)

09 The king is much wiser <u>as</u> the queen.   (➡ _____)

10 It is getting <u>more interesting and more interesting</u>.   (➡ _____)

B 다음 표를 보고 보기에서 알맞은 단어를 사용하여 비교문장을 완성하시오.

	Computer	Smartphone
Size (cm)	60×40	5×12
Weight (kg)	3.5	0.1
Price ($)	500	300

01 (size) The computer is _____ the smartphone.

02 (size) The smartphone _____ the computer.

03 (weight) The computer _____.

04 (weight) The smartphone _____.

05 (price) The computer _____.

06 (price) The smartphone _____.

보기 ▶ expensive
big
light
small
heavy
cheap

A 다음 주어진 우리말과 일치하도록 빈칸에 알맞은 말을 쓰시오.

01 수학 시험이 영어 시험보다 더 어렵다.

→ The math test is _____ _____ _____ the English test.

02 날씨가 어제보다 더 좋아질 것이다.

→ The weather will be _____ _____ yesterday.

03 그 소녀는 점점 더 예뻐지고 있다.

→ The girl is getting _____ and _____.

04 Emily는 그녀의 여동생보다 훨씬 더 날씬하다.

→ Emily is _____ _____ _____ her sister

05 어제 나도 너만큼 화가 나 있었다.

→ I was _____ _____ _____ you yesterday.

B 다음 보기와 같이 주어진 단어를 사용하여 두 문장을 한 문장으로 바꾸어 쓰시오.

> 보기 ▶ The hat is $10. The shoes are $25. (cheap)
>
> → ___The hat is cheaper than the shoes.___

01 Tom is 55kg. Harry is 65kg. (heavy)

→ _____

02 I am 165cm tall. My sister is 150cm tall. (short)

→ _____

03 The ruler is 30cm long. The snake is 80cm long. (long)

→ _____

04 The tree is 50 meters high. The tower is 50 meters high. (high)

→ _____

Sentence Writing

Writing Guide

- 두 대상을 비교하여 어느 한쪽이 더 낫거나 못할 때 「비교급 + than」을 쓴다. → He is taller than me.
- 비교하는 두 대상이 비슷하거나 같을 때 「as + 원급 + as」를 쓴다. → Emma is as tall as Jane.
- 비교급 강조는 「much + 비교급」, '점점 더 ~한'은 「비교급 + and + 비교급」을 쓴다. → I am much taller than you.

A 다음 우리말과 일치하도록 주어진 단어를 올바르게 배열하시오.

01 나의 어머니는 우리보다 더 일찍 일어나신다. (earlier, my, gets up, us, mother, than)

➡ _____

02 축구가 농구보다 더 인기가 있다. (popular, is, than, soccer, basketball, more)

➡ _____

03 그의 자전거는 나의 것보다 훨씬 더 좋다. (better, mine, his, is, much, than, bike)

➡ _____

04 그 과학자는 그 발명가만큼 위대하다. (as, the scientist, great, the inventor, as, is)

➡ _____

B 다음 주어진 말을 이용하여 우리말을 영작하시오.

01 Emily는 Jane보다 더 부지런하다. (diligent)

➡ _____

02 다이아몬드는 금보다 훨씬 더 강하다. (diamond, gold)

➡ _____

03 날씨가 점점 더 추워진다. (the weather)

➡ _____

04 중국어는 영어만큼 중요하다. (important)

➡ _____

05 그의 수학 점수는 과학 점수보다 더 나쁘다. (score)

➡ _____

A 다음 문장에서 알맞은 것을 고르시오.

01 Roses are   beautifuler | more beautiful   than carnations.

02 My house is much   bigger | biger   than your house.

03 Ben is as   handsome | more handsome   as Mark.

04 His socks were   dirty | dirtier   than the floor.

05 The problem is getting   more and more | more serious and more   serious.

B 다음 주어진 우리말과 일치하도록 빈칸에 알맞은 말을 쓰시오.

01 Susan은 Emily보다 훨씬 더 많은 친구들이 있다.

→ Susan has _____ _____ friends _____ Emily.

02 Smith 씨는 지난주보다 더 건강해 보인다.

→ Mr. Smith looks _____ _____ last week.

03 나는 어제보다 더 열심히 일했다. 나도 너만큼 피곤하다.

→ I worked _____ _____ yesterday. I am _____ tired _____ you.

C 다음 주어진 말을 이용하여 우리말을 영작하시오.

01 돌고래가 고양이보다 더 영리하다. (intelligent)

→ _____

02 네 남동생은 너보다 훨씬 더 게으르다. (lazy)

→ _____

03 그 아기는 그 인형만큼 예쁘다. (doll)

→ _____

04 그의 태도는 점점 더 좋아지고 있다. (attitude)

→ _____

최상급

최상급은 세 가지 이상을 비교하여 정도가 가장 높은 것을 나타낼 때 쓰는 것으로, 「the + 최상급」의 형태이다.

A 최상급 만들기

최상급은 대부분의 형용사나 부사 뒤에 -est를 붙이거나 앞에 most을 써서 만들고, '가장 ~한'이라는 의미이다. 최상급 앞에는 the를 붙인다.

1음절 단어	뒤에 -est를 붙인다.	tall → tallest, short → shortest, long → longest
-e로 끝나는 단어	뒤에 -st를 붙인다.	nice → nicest, wise → wisest, safe → safest
-y로 끝나는 단어	y를 i로 바꾸고 -est를 붙인다.	happy → happiest, dirty → dirtiest, pretty → prettiest, heavy → heaviest
'단모음 + 단자음'인 단어	끝 자음을 한 번 더 쓰고 -est를 붙인다.	hot → hottest, big → biggest, fat → fattest, thin → thinnest
2음절 이상인 대부분의 단어	단어 앞에 most를 쓴다.	famous → most famous, popular → most popular, beautiful → most beautiful
불규칙하게 변하는 단어	–	good/well → best, bad → worst, many/much → most

B 최상급 표현

형태	의미	예문
the + 최상급 + in/of	~에서 가장 ...한	Tom is the tallest boy in my class. Tom은 우리 반에서 가장 키가 큰 소년이다. Today is the happiest day of my life. 오늘은 내 인생에서 가장 기쁜 날이다. Sue is the smartest of all the students. Sue는 모든 학생 중에서 가장 똑똑하다.
one of the + 최상급 + 복수명사	가장 ~한 ...중의 하나	He is one of the tallest boys in his school. 그는 학교에서 가장 키가 큰 소년 중의 한 명이다.

➔ **Grammar Plus** 「the + 최상급 + in/of」에서 전치사 in 뒤에는 보통 장소나 집단이 오고, of 뒤에는 시간/때 또는 사람이 온다.
the tallest boy in my class
the happiest day of my life / the smartest of all the students

A 다음 문장에서 알맞은 것을 고르시오.

01 He was the great | greatest novelist in Korea.

02 The rose smells better | best than the lily.

03 What is the longer | longest river in the world?

04 It is the most interesting | interestingest book of all.

05 Russia is the biggest | bigest country in the world.

06 You drive bad | worse | worst than Paul.

07 She is one of the prettiest | prettier actresses in China.

08 This car is more | the most popular than that one.

09 Today is the coldest | colder day of this month.

10 An ostrich is one of the fastest animals | animal .

B 다음 괄호 안의 단어를 빈칸에 알맞은 형태로 바꾸어 쓰시오.

01 Harry is the _____ player in the team. (good)

02 Mt. Everest is the _____ mountain in the world. (high)

03 Seoul is the _____ city in Korea. (busy)

04 August is the _____ month of the year. (hot)

05 The cheetah is the _____ of all animals. (fast)

06 Bill is the _____ son in his family. (young)

07 Solomon was one of the _____ kings. (wise)

08 The soup tastes _____ than the salad. (good)

09 It is one of the _____ movies in my life. (bad)

10 Ted read the _____ books of my friends. (many)

11 My brother spends _____ money than me. (much)

12 This is the _____ _____ watch in the shop. (expensive)

> **Grammar Guide**
> • 최상급은 대부분의 형용사나 부사 뒤에 -est를 붙인다.
> • 2음절 이상인 단어는 앞에 most를 쓴다.
> • 어떤 단어들은 불규칙하게 변한다.
>   good → best, bad → worst

Grammar Practice II

A 다음 문장에서 밑줄 친 부분을 바르게 고쳐 쓰시오.

01 It is the <u>fatest</u> pig on his farm. (→ _____)

02 Baseball is the <u>more</u> popular sport in Korea. (→ _____)

03 Winter is <u>coldest</u> of all seasons. (→ _____)

04 She is <u>most famous</u> singer in the country. (→ _____)

05 Jenny is the <u>prettyest</u> girl of my classmates. (→ _____)

06 He is the <u>better</u> soccer player in the world. (→ _____)

07 Children's Day is one of the happiest <u>day</u> of the year. (→ _____)

08 Today is much <u>hottest</u> than yesterday. (→ _____)

09 Tom got one of the <u>bad</u> scores in his class. (→ _____)

10 The beach is the <u>wonderfulest</u> place in England. (→ _____)

11 I have one of the <u>most oldest</u> books in the world. (→ _____)

B 다음 정보를 보고 주어진 단어를 사용하여 비교급과 최상급 문장을 완성하시오.

01
Han River – 481km
Rhine River – 1,320km
Nile River – 6,671km

long

· The Rhine River is _____ _____ the Han River.

· The Nile is _____ _____ river.

02
horse – 400kg
chicken – 2kg
elephant – 6,200kg

heavy

· The horse is _____ _____ the chicken.

· The elephant is _____ _____ animal.

03
science – 75점
English – 85점
math – 70점

difficult

· Science is _____ _____ _____ English.

· Math is _____ _____ _____ subject.

04
spring – 평균기온 15°C
summer – 평균기온 25°C
winter – 평균기온 5°C

hot

· Spring is _____ _____ winter.

· Summer is _____ _____ season.

A 다음 우리말과 일치하도록 빈칸에 알맞은 말을 쓰시오.

01 세계에서 가장 작은 나라는 어디니?

→ What is _____ _____ _____ in the world?

02 가을은 계절 중에서 가장 아름답다.

→ Autumn is _____ _____ _____ of all seasons.

03 금요일은 주중에서 가장 바쁜 날이다.

→ Friday is _____ _____ _____ of the week.

04 그 선수는 세상에서 가장 키가 큰 사람 중의 한 사람이다.

→ The player is one of _____ _____ _____ in the world.

05 *E.T.*는 모든 영화 중에서 최고의 영화다.

→ *E.T.* is _____ _____ movie of all the movies.

B 다음 표를 보고 보기에서 알맞은 단어를 사용하여 문장을 완성하시오.

	Puppy	Parrot	Turtle
Weight (kg)	4.5	0.3	2.5
Height (cm)	55	20	15
Price ($)	100	55	65

01 (weight) The puppy is _____ pet.

02 (weight) The parrot _____ pet.

03 (height) The puppy _____ pet.

04 (height) The turtle _____ pet.

05 (price) The puppy _____ pet.

06 (price) The parrot _____ pet.

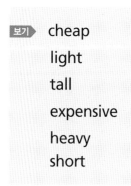

보기 ▶ cheap
light
tall
expensive
heavy
short

Sentence Writing

Writing Guide

• 세 가지 이상을 비교하여 정도가 가장 높은 것을 나타낼 때 「the + 최상급 + in/of」를 쓴다.　→　He is the tallest boy in the class.
• '가장 ~한 ...중의 하나'는 「one of the + 최상급 + 복수명사」를 쓴다.　→　She is one of the prettiest girls.

A 다음 우리말과 일치하도록 주어진 단어를 올바르게 배열하시오.

01　Green 씨는 세계에서 최고의 작가다. (is, writer, in the world, best, the, Mr. Green)

　→ _____

02　그 박물관은 모든 건물 중에서 가장 오래되었다. (oldest, of, is, the, all the buildings, the museum)

　→ _____

03　그는 우리 반에서 가장 잘생긴 소년이다. (the, is, he, handsome, boy, most, my, class, in)

　→ _____

04　베이징은 중국에서 가장 큰 도시 중의 하나다. (cities, of, is, the, in China, one, Beijing, biggest)

　→ _____

B 다음 주어진 말을 이용하여 우리말을 영작하시오.

01　정글에서 가장 위험한 동물은 무엇이니? (in the jungle)

　→ _____

02　James는 그 소방서에서 가장 용감한 소방관이다. (at the fire station)

　→ _____

03　그것은 세계에서 가장 빠른 차 중의 하나다. (in the world)

　→ _____

04　Justine은 그녀의 반에서 가장 마른 소녀 중의 한 명이다. (in her class)

　→ _____

05　어제는 내 인생에서 최악의 날이었다. (of my life)

　→ _____

A 다음 문장에서 알맞은 것을 고르시오.

01 This is the saddest | sadest movie in the theater.

02 It is one of the highest mountains | mountain in our country.

03 Skiing is the most exciting | more exciting of all sports.

04 English is much easier | easiest than Japanese.

05 Susan is the good | better | best dancer in the group.

B 다음 주어진 우리말과 일치하도록 빈칸에 알맞은 말을 쓰시오.

01 그것은 바다에서 가장 흥미로운 동물이다.

→ It is ＿＿＿＿＿＿ ＿＿＿＿＿＿ ＿＿＿＿＿＿ animal in the sea.

02 1월은 일 년 중 가장 추운 달이다.

→ January is ＿＿＿＿＿＿ ＿＿＿＿＿＿ ＿＿＿＿＿＿ of the year.

03 나일 강은 세계에서 가장 긴 강 중의 하나다.

→ The Nile is one of ＿＿＿＿＿＿ ＿＿＿＿＿＿ ＿＿＿＿＿＿ in the world.

C 다음 주어진 말을 이용하여 우리말을 영작하시오.

01 수학은 모든 과목 중에서 가장 어렵다. (of all subjects)

→ ＿＿＿＿＿＿＿＿＿＿＿＿＿＿＿＿＿＿＿＿＿＿＿＿＿＿＿＿

02 그것은 세계에서 최악의 사고였다. (accident)

→ ＿＿＿＿＿＿＿＿＿＿＿＿＿＿＿＿＿＿＿＿＿＿＿＿＿＿＿＿

03 오늘은 내 인생에서 가장 바쁜 날이었다. (of my life)

→ ＿＿＿＿＿＿＿＿＿＿＿＿＿＿＿＿＿＿＿＿＿＿＿＿＿＿＿＿

04 Edison은 역사상 가장 위대한 과학자 중의 한 명이다. (in history)

→ ＿＿＿＿＿＿＿＿＿＿＿＿＿＿＿＿＿＿＿＿＿＿＿＿＿＿＿＿

Actual Test

[01–02] 다음 빈칸에 들어갈 수 있는 것을 고르시오.

01   My sister is much _____ than John.

   ① thin   ② prettiest   ③ taller   ④ most popular   ⑤ more fat

02   He is the _____ actor in the world.

   ① best   ② more famous   ③ worse   ④ heavier   ⑤ smarter

[03–04] 다음 빈칸에 들어갈 수 <u>없는</u> 것을 고르시오.

03   The pizza is as _____ as the spaghetti.

   ① delicious   ② good   ③ bad   ④ worst   ⑤ great

04   It is getting _____.

   ① darker and darker   ② colder and colder   ③ hotter and hotter
   ④ warmer and warmer   ⑤ more famous and more famous

[05–06] 다음 대화의 빈칸에 들어갈 알맞은 것을 고르시오.

05
   Ⓐ How was the English test?   Ⓑ It was _____ easier than the math test.

   ① many   ② much   ③ more   ④ the most   ⑤ very

06
   Ⓐ The painting is so expensive.   Ⓑ It is one of the _____ in the world.

   ① most expensive painting   ② more expensive painting   ③ most expensive paintings
   ④ more expensive paintings ⑤ many expensive paintings

07   다음 빈칸에 알맞은 말이 바르게 짝지어진 것을 고르시오.

   · The weather is _____ than yesterday.
   · She is the _____ intelligent student in my class.
   · Sam is as _____ as his father.

   ① bad – most – stronger   ② worst – more – stronger   ③ bad – best – strong
   ④ worse – most – strong   ⑤ worse – more – strong

08 다음 빈칸에 공통으로 들어갈 알맞은 것을 고르시오.

> · She gives _____ homework than him.
> · David has _____ toys than Tom.
> · This chair is _____ comfortable than that one.

① more   ② much   ③ very   ④ most   ⑤ many

09 다음 중 밑줄 친 부분이 올바른 것을 고르시오.

① Korean is <u>most difficult</u> than English.   ② He is <u>the more famous</u> person in Korea.
③ The cat is <u>as cuter as</u> my puppy.   ④ It is <u>much better</u> than yours.
⑤ Mt. Everest is one of <u>the highest mountain</u> in the world.

10 다음 중 올바른 문장이 <u>아닌</u> 것을 고르시오.

① Susan is as pretty as Kate.   ② It is getting worse and worse.
③ Mike sings best than you.   ④ January is the coldest month of the year.
⑤ He is one of the most powerful men in the world.

[11–12] 다음 우리말을 영작했을 때 밑줄 친 부분 중 <u>틀린</u> 것을 고르시오.

11 나는 Harry만큼 빨리 뛰지만, Kevin은 우리보다 훨씬 더 빨리 뛴다.

→ I run <u>as</u> <u>fast</u> as Harry, but Kevin runs <u>most</u> <u>faster</u> <u>than</u> us.
          ①   ②   ③   ④   ⑤

12 Tom은 우리보다 더 작지만, 그는 가장 힘이 센 소년 중의 한 명이다.

→ Tom is <u>smaller</u> <u>than</u> us, but he is <u>one</u> of <u>the strongest</u> <u>boy</u>.
             ①   ②   ③   ④   ⑤

13 다음 중 우리말을 올바르게 영작한 것을 고르시오.

① 그는 그 마을에서 가장 부유한 사람이다. → He is the richest man in the town.
② 지구는 달보다 훨씬 더 크다. → The Earth is many bigger than the moon.
③ 나는 Jim보다 더 많은 친구들이 있다. → I have many friends than Jim.
④ 우리는 그들만큼 행복하다. → We are as happier as them.
⑤ 그곳은 세계에서 가장 더운 장소 중의 하나다. → It is one of the hottest place in the world.

[14-15] 다음 문장의 틀린 부분을 바르게 고쳐 문장을 다시 쓰시오.

14 Your question is much difficult than his. 네 질문은 그의 것보다 훨씬 더 어렵다.

➡ _____

15 I got best score of all the students. 나는 모든 학생 중에서 가장 좋은 점수를 받았다.

➡ _____

[16-18] 다음 주어진 말을 이용하여 우리말을 영작하시오.

16 나의 선생님은 개그맨만큼 웃기신다. (funny, comedian)

➡ _____

17 피지는 세계에서 가장 아름다운 섬 중의 하나다. (Fiji, island)

➡ _____

18 러시아는 호주보다 훨씬 더 크다. (Russia, Australia)

➡ _____

[19-23] 다음 표를 보고 학생들의 나이와 키에 대한 글을 완성하시오.

	James	Susan	Kate	Robert
Age	12 years old	13 years old	15 years old	14 years old
Height	167cm	165cm	165cm	178cm

19 (age) Susan is _____ _____ Kate.

20 (height) Kate is _____ _____ _____ Susan.

21 (height) Robert is _____ _____ than James.

22 (age) James is _____ _____ of all students.

23 (height) Robert is _____ _____ student in the club.

Chapter 04 문장의 종류

✔ 영작 Key Point

There is/are 구문	There is + 단수명사	There is a hat on the desk.
	There are + 복수명사	There are birds in the tree.
명령문	동사원형 (~해라)	Open the door.
	Don't + 동사원형 (~하지 말아라)	Don't be late.
	Let's + 동사원형 (~하자)	Let's go shopping.
감탄문	What + a/an + 형용사 + 명사 + 주어 + 동사!	What a pretty girl she is!
	How + 형용사/부사 + 주어 + 동사!	How pretty she is!

UNIT 07 There is/are 구문

Grammar Point

A 긍정문

There is/are는 '~이 있다'라고 말할 때 사용하는 것으로, there는 뜻이 없고 문장만 유도한다.
There is 뒤에는 단수명사 주어가 오고, There are 뒤에는 복수명사 주어가 오며, 보통 장소를 나타내는 표현과 함께 쓴다.

There	be동사	주어	장소를 나타내는 표현	해석
There	is	a ball some milk	on the bed. in the refrigerator.	침대 위에 공이 하나 있다. 냉장고에 약간의 우유가 있다.
	are	two hats five fish many people	on the table. in the fish tank. on the farm.	탁자 위에 모자 두 개가 있다. 어항에 물고기 다섯 마리가 있다. 농장에 많은 사람들이 있다.

➔ **Grammar Plus** 셀 수 없는 명사는 항상 단수 취급하므로, 셀 수 없는 명사 앞에는 There is가 온다.
There is some milk in the glass. (O) There are some milk in the glass. (X)

B 부정문

There is/are의 부정문은 be동사 is/are 뒤에 not을 쓰고, '~이 없다'라고 해석한다.

There	be동사 + not	주어	장소를 나타내는 표현	해석
There	is not (= isn't)	a clock any water	on the wall. in the bottle.	벽에 시계가 없다. 병에 물이 전혀 없다.
	are not (= aren't)	cars any flowers	on the street. in the vase.	거리에 차가 없다. 꽃병에 꽃이 조금도 없다.

C 의문문

There is/are의 의문문은 be동사 is/are와 there의 위치를 바꾸고, 맨 뒤에 물음표를 붙인다. There is/are의 의문문은 '~이 있습니까?'라고 해석한다

be동사	there	주어	장소를 나타내는 표현	해석	대답	
					긍정	부정
Is	there	a tree	in the garden?	정원에 나무가 있니?	Yes, there is.	No, there isn't.
Are	there	any pens	on the desk?	책상 위에 펜이 있니?	Yes, there are.	No, there aren't.

➔ **Grammar Plus** There is/are의 의문문에 대한 대답은 Yes/No로 하는데, Yes 뒤에는 「there + is/are」가 오고, No 뒤에는 「there + isn't/aren't」가 온다.

A 다음 문장에서 알맞은 것을 고르시오.

01 There is | are a tiger in the cage.

02 There is | are some coins on the floor.

03 There is | are some water in the bucket.

04 There is | are a lot of pictures on the wall.

05 There is | are some money in the drawer.

06 There is not | not is any jam in the jar.

07 There isn't | aren't any roses in the garden.

08 Is | Are there any students in the classroom?

09 Is there any paper | books on the shelf?

10 Are there any fish | turtle in the lake?

11 There isn't | aren't any information about it.

12 Is there an umbrella | rain boots in front of the door?

13 Is | Are there a hospital near here? Yes, there is | are .

14 Are there many parrots | a lion at the zoo? No, there | they aren't.

B 다음 질문에 대한 대답을 완성하되 부정의 대답은 축약형으로 쓰시오.

01 Ⓐ Is there a computer in your room?   Ⓑ Yes, _____.

02 Ⓐ Are there many restaurants in Seoul?   Ⓑ Yes, _____.

03 Ⓐ Is there any soup in the pot?   Ⓑ No, _____.

04 Ⓐ Are there six horses on the farm?   Ⓑ No, _____.

05 Ⓐ Is there any juice in the glass?   Ⓑ No, _____.

06 Ⓐ Are there many people at the park?   Ⓑ Yes, _____.

07 Ⓐ Is there an orange in the basket?   Ⓑ Yes, _____.

08 Ⓐ Are there any classes on Saturday?   Ⓑ No, _____.

Grammar Practice II

A 다음 문장에서 밑줄 친 부분을 바르게 고쳐 쓰시오.

01 There <u>is</u> 365 days in a year. (→ _____)

02 <u>Are</u> there a lamp in the bedroom? (→ _____)

03 <u>There are</u> some ice cream in the refrigerator. (→ _____)

04 There <u>not is</u> any water in the bottle. (→ _____)

05 There <u>aren't</u> any snow on the roof. (→ _____)

06 There <u>isn't</u> a lot of stars in the sky. (→ _____)

07 <u>Is</u> there many museums in the city? (→ _____)

08 There <u>aren't</u> any paper in the printer. (→ _____)

09 Is there any money in your pocket? Yes, <u>it</u> is. (→ _____)

10 Are there 6 days in a week? No, <u>they are</u>. (→ _____)

B 다음 문장을 지시대로 바꾸어 쓰시오.

01 There are a lot of people at the movie theater.

부정문▸ _____

02 There is a car in the parking lot.

부정문▸ _____

03 There is some sugar in her coffee.

부정문▸ _____

04 There is an old castle in the town.

의문문▸ _____

05 There are five pairs of socks in the drawer.

의문문▸ _____

06 There is some water on the floor.

의문문▸ _____

A 다음 주어진 우리말과 일치하도록 빈칸에 알맞은 말을 쓰시오.

01 동물원에 많은 원숭이가 있다.

→ _____ _____ a lot of monkeys at the zoo.

02 한 축구팀에는 11명의 선수가 있니?

→ _____ _____ 11 players on a soccer team?

03 그 시험에 대한 정보가 전혀 없다.

→ _____ _____ any information about the test.

04 모퉁이에 우체국이 하나 있다.

→ _____ _____ a post office at the corner.

05 상자 안에 초콜릿이 좀 있니? 아니, 없어.

→ _____ _____ any chocolate in the box? No, there _____.

B 다음 보기와 같이 **There is/are**를 사용하여 같은 의미의 문장으로 바꾸어 쓰시오.

> 보기 ▶ A mouse is in the classroom. → ___There is a mouse in the classroom.___

01 A world map is on the wall.

→ _____

02 A lot of mountains are in the country.

→ _____

03 Some lemonade is in the glass.

→ _____

04 An umbrella isn't in his hand.

→ _____

05 Many vegetables aren't in the yard.

→ _____

Sentence Writing

Writing Guide

· There is 뒤에는 단수명사, There are 뒤에는 복수명사를 쓴다. → There is a car. There are cars.
· There is/are의 부정문은 「There is/are + not + 주어」 순으로 쓴다. → There isn't a car at the park.
· There is/are의 의문문은 「Is/Are + there + 주어 ~?」 순으로 쓴다. → Are there any cars at the park?

A 다음 우리말과 일치하도록 주어진 단어를 올바르게 배열하시오.

01 그의 농장에는 많은 양이 있다. (are, a lot of, there, sheep, on his farm)

➡ _____

02 냉장고에 약간의 오렌지 주스가 있다. (is, some, there, the refrigerator, orange juice, in)

➡ _____

03 수요일에 수학 수업이 있니? (on Wednesday, a, there, math class, is, ?)

➡ _____

04 이 마을에는 젊은 사람이 전혀 없다. (are, people, there, in the village, young, not, any)

➡ _____

B 다음 주어진 말을 이용하여 우리말을 영작하시오.

01 일 년에 12달이 있다. (in a year)

➡ _____

02 달에는 물이 전혀 없다. (on the moon)

➡ _____

03 너에게 온 편지가 하나 있다. (for you)

➡ _____

04 그 박물관에 사람들이 조금 있니? (in the museum)

➡ _____

05 이 근처에 전철역이 있니? (subway station, near here)

➡ _____

A 다음 문장에서 알맞은 것을 고르시오.

01   There is | There are   a lot of salt in the sea.

02   Are there | Is there   a train for Busan in the morning?

03   There are   some bees | some honey   on the flower.

04   There   isn't | aren't   any tests this month.

05   Are | Is   there 5 rooms in the house? Yes,   there are | there is .

B 다음 주어진 우리말과 일치하도록 빈칸에 알맞은 말을 쓰시오.

01   천정에 거미가 전혀 없다.

→ _____ _____ _____ any spiders on the ceiling.

02   그 케이크에는 설탕이 많이 들어 있다.

→ _____ _____ a lot of sugar in the cake.

03   집에 많은 손님들이 있니? 아니, 그렇지 않아.

→ _____ there many guests at home? No, _____ _____.

C 다음 주어진 말을 이용하여 우리말을 영작하시오.

01   그 빵집에는 빵이 전혀 없다. (in the bakery)

→ _____

02   그 도시에는 다섯 개의 교회가 있다. (in the city)

→ _____

03   네 작문에 실수가 하나 있다. (mistake, writing)

→ _____

04   거실에 다섯 명의 아이들이 있니? 응, 그래. (in the living room)

→ _____

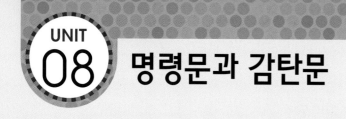

UNIT 08 명령문과 감탄문

A 명령문

명령문은 상대방에게 '~해라'라고 무엇을 시킬 때 쓰는 문장으로, 주어를 생략하고 동사원형으로 시작한다.
부정 명령문은 동사원형 앞에 Don't를 쓰고, '~하지 말아라'라고 해석한다.

문장의 종류 및 형태		예문	해석
긍정 명령문	동사원형	Be quiet. Clean your room.	조용히 해라. 네 방을 청소해라.
부정 명령문	Don't + 동사원형	Don't be late. Don't eat fast food.	지각하지 말아라. 패스트푸드를 먹지 말아라.

➜ **Grammar Plus** please를 명령문 앞이나 뒤에 붙이면 공손한 표현이 된다. Please sit down. Sit down, please. 앉아주세요.

B 권유 명령문

권유 명령문은 상대방에게 '~하자'라고 권유할 때 쓰는 문장으로, Let's를 동사원형 앞에 쓴다. 부정은 Let's
뒤에 not을 쓰고, '~하지 말자'라고 해석한다.

문장의 종류 및 형태		예문	해석
긍정 권유 명령문	Let's + 동사원형	Let's take a bus.	버스를 타자.
부정 권유 명령문	Let's not + 동사원형	Let's not be late again.	다시는 지각하지 말자.

C 감탄문

감탄문은 기쁨, 슬픔, 놀람 등의 감정을 표현하는 문장으로, '정말/참 ~하구나'라고 해석한다. What으로
시작하는 감탄문은 「What + a/an + 형용사 + 명사 + 주어 + 동사!」의 어순이고, How로 시작하는 감탄문은
「How + 형용사/부사 + 주어 + 동사!」의 어순인데, 뒤에 오는 「주어 + 동사」는 생략할 수 있다.

What	a/an	형용사	명사	(주어 + 동사)!	해석
What	a - -	nice pretty fresh	car shoes milk	you have! they are! it is!	너는 정말 멋진 차를 가지고 있구나! 그것들은 참 예쁜 신발이구나! 그것은 정말 신선한 우유구나!

➜ **Grammar Plus** 명사가 복수이거나 셀 수 없는 명사일 때는 a/an 없이 「What + 형용사 + 명사 + 주어 + 동사!」 순으로 쓴다.

How	형용사/부사	(주어 + 동사)!	해석
How	cute fast	she is! you drive!	그녀는 참 귀엽구나! 너는 정말 빠르게 운전을 하는구나!

A 다음 문장에서 알맞은 것을 고르시오.

01 Go | To go to sleep early tonight.

02 Are | Be careful. A truck is coming.

03 Let's | Let buy some fruits and vegetables.

04 Don't | Isn't be noisy in the library.

05 The weather is lovely. Let's go | goes for a walk.

06 Make | Making us some spaghetti, please

07 Let's don't | not eat fast food.

08 Don't | Doesn't wake up the baby.

09 Please close | be close the window.

10 Don't be | Aren't surprised at the news.

11 Please lend | Lend please me your notebook.

12 Kate, doesn't | don't bring your umbrella.

Grammar Guide

• 긍정 명령문은 동사원형으로 시작하고, 부정 명령문은 동사원형 앞에 Don't가 온다.
• 권유 명령문은 Let's가 동사원형 앞에 오고, 부정은 Let's 뒤에 not이 온다.

B 다음 괄호 안의 동사를 사용하여 명령문을 완성하시오. (필요시 Don't나 not을 쓰시오.)

01 _____ your hand before meals, please. (wash)

02 _____ about it. I will help you. (worry)

03 Please _____ nice to your sister. (be)

04 It's very hot. Let's _____ something cold. (drink)

05 We don't have much time. _____ up. (hurry)

06 Let's _____ the street at a red light. (cross)

07 _____ off the light. We have to save energy. (turn)

08 _____ late. The train will leave on time. (be)

09 Let's _____ hiking. It is going to be rainy. (go)

10 _____ basketball on the street. It is very dangerous. (play)

Grammar Guide

• 명령문: 동사원형
• 부정 명령문: Don't + 동사원형
• 권유 명령문: Let's + 동사원형
• 권유 명령문의 부정: Let's not + 동사원형

Grammar Practice II

A 다음 문장에서 알맞은 것을 고르시오.

01 What | How a friendly teacher Mr. Smith is!

02 What | How beautiful the sky is!

03 What | How lovely dresses they are wearing!

04 What | How carefully your father drives!

05 What | How sweet chocolate it is!

06 What a good idea | good ideas they are!

07 How brave | bravely the soldiers are!

08 What a happily | happy man he is!

09 How cold the weather is | is the weather !

10 What | How amazing!

Grammar Guide

· What으로 시작하는 감탄문은 「What + a/an + 형용사 + 명사 + 주어 + 동사!」의 어순이다.
· How로 시작하는 감탄문은 「How + 형용사/부사 + 주어 + 동사!」의 어순이다.

B 다음 보기와 같이 주어진 문장을 **what** 또는 **how**로 시작하는 감탄문으로 바꾸어 쓰시오.

> 보기 Your brother is very honest. ➡ How honest your brother is!

01 Baseball is a very exciting sport.

➡ _____

02 The vegetables are very cheap.

➡ _____

03 She has very big eyes.

➡ _____

04 It is very useful information.

➡ _____

05 The actress dances very beautifully.

➡ _____

A 다음 주어진 우리말과 일치하도록 빈칸에 알맞은 말을 쓰시오.

01 그 개를 무서워하지 말아라.

➡ _____ _____ afraid of the dog.

02 저에게 당신의 우산을 좀 빌려주세요.

➡ _____ me your umbrella, please.

03 수영하러 가지 말자. 집에 머물자.

➡ _____ _____ _____ swimming. Let's _____ at home.

04 너는 참 운이 좋구나!

➡ _____ _____ you are!

05 에디슨은 정말 위대한 발명가였구나!

➡ _____ _____ _____ inventor Edison was!

B 다음 문장의 틀린 부분을 바르게 고쳐 문장을 다시 쓰시오.

01 Looks at the picture on the wall. 벽에 있는 사진을 보아라.

➡ _____

02 Don't tell her the secret. 그녀에게 그 비밀을 말하지 말자.

➡ _____

03 How lazy people they are! 그들은 정말 게으른 사람들이구나!

➡ _____

04 Be not angry. 화를 내지 말아라.

➡ _____

05 What a strangely hat she wears! 그녀는 정말 이상한 모자를 쓰고 있구나!

➡ _____

06 What hard Mike studies! Mike는 정말 열심히 공부하는구나!

➡ _____

Sentence Writing

- 명령문은 동사원형으로 시작하고, 부정 명령문은 동사원형 앞에 Don't를 쓴다. → Run fast. Don't run.
- 권유 명령문은 Let's를 동사원형 앞에 쓰고, 부정은 Let's 뒤에 not을 쓴다. → Let's play soccer.
- 감탄문은 「What + a/an + 형용사 + 명사 + 주어 + 동사!」나 「How + 형용사/부사 + 주어 + 동사!」 순으로 쓴다.

A 다음 우리말과 일치하도록 주어진 단어를 올바르게 배열하시오.

01 그 아이들에게 피자를 만들어주자. (pizza, make, for, let's, the children)

➡ _____

02 방에서는 신발을 신지 말아라. (shoes, put on, your, in the room, don't)

➡ _____

03 그녀는 참 사랑스러운 강아지를 가지고 있구나! (puppy, a, she, what, lovely, has, !)

➡ _____

04 하루에 세 번 이를 닦아라. (a day, teeth, brush, your, three times)

➡ _____

B 다음 주어진 말을 이용하여 우리말을 영작하시오.

01 네 약속을 잊지 말아라. (forget, promise)

➡ _____

02 항상 근면해라. (diligent, all the time)

➡ _____

03 영어 수업 시간에는 한국어로 말하지 말자. (in English class)

➡ _____

04 그것들은 정말 맛있는 샌드위치구나! (what, delicious)

➡ _____

05 그 아기는 정말 시끄럽게 우는구나! (how, loudly)

➡ _____

A 다음 문장에서 알맞은 것을 고르시오

01 Don't | Doesn't go out alone at night.

02 Let's to ride | ride our bikes this weekend.

03 How | What high the kangaroo jumps!

04 Please to bring | bring me some paper.

05 What helpful advice | a helpful advice it is!

B 다음 주어진 우리말과 일치하도록 빈칸에 알맞은 말을 쓰시오.

01 우리 집으로 오세요. 파티를 합시다.

→ Please _____ to our house. _____ _____ a party.

02 그 꽃은 정말 지독한 냄새를 가지고 있구나!

→ _____ _____ _____ smell the flower has!

03 다른 사람에게 무례하게 굴지 말아라.

→ _____ _____ rude to other people.

C 다음 주어진 말을 이용하여 우리말을 영작하시오.

01 네 어머니는 정말 일찍 일어나시는구나! (how, get up)

→ _____

02 시간을 낭비하지 말자. (waste)

→ _____

03 네 열쇠를 네 주머니에 넣지 마라. (put)

→ _____

04 하루에 여덟 잔의 물을 마셔라. (a day)

→ _____

Actual Test

[01–02] 다음 빈칸에 들어갈 수 있는 것을 고르시오.

01 There aren't _____ in his backpack.

① any water   ② an eraser   ③ a pencil case   ④ pencil   ⑤ any crayons

02 What a _____ girl she is!

① carefully   ② lovely   ③ beautifully   ④ well   ⑤ quietly

[03–05] 다음 빈칸에 들어갈 수 <u>없는</u> 것을 고르시오.

03 Is there _____ in the refrigerator?

① an apple   ② any cheese   ③ a lot of milk   ④ a melon   ⑤ any oranges

04 _____ turn on the TV.

① Let's don't   ② Don't   ③ Let's   ④ Please   ⑤ Let's not

05 What _____ it is!

① nice weather   ② an expensive bag   ③ cool sunglasses
④ fresh juice   ⑤ a cold day

[06–07] 다음 빈칸에 알맞은 말이 바르게 짝지어진 것을 고르시오.

06
· There _____ a lot of geese on the farm.
· There _____ a lot of paper on the desk.
· There _____ any water in the glass.

① is, is, isn't   ② is, are, isn't   ③ are, is, isn't   ④ is, is, aren't   ⑤ are, is, aren't

07
· _____ quietly the fox moves!   · _____ long legs she has!

① How, What   ② How, How   ③ Let's, What   ④ What, How   ⑤ How, Don't

08 다음 대화의 빈칸에 들어갈 알맞은 것을 고르시오.

Ⓐ Are there any tulips in your garden?   Ⓑ Yes, _____.

① they are   ② there is   ③ there aren't   ④ it is   ⑤ there are

09 다음 중 밑줄 친 부분이 바르지 못한 것을 고르시오.

① What <u>a small mice</u> they are!　　② <u>Let's not play</u> outside.
③ <u>Don't touch</u> my glasses.　　④ <u>How slowly</u> David walks!
⑤ <u>There aren't</u> any fish in the lake.

10 다음 중 올바른 문장이 <u>아닌</u> 것을 <u>두 개</u> 고르시오.

① Please to read a newspaper.　　② What boring classes they are!
③ Don't ask me a question.　　④ Do your homework after school.
⑤ Are there any homework today?

11 다음 중 문장을 감탄문으로 바르게 바꾼 것이 <u>아닌</u> 것을 고르시오.

① Amy is a very clever girl. → What a clever girl Amy is!
② Your computer is very fast. → How fast your computer is!
③ You have very long ears. → What long ears you have!
④ The baby sleeps very well. → How well the baby sleeps!
⑤ It is very sweet ice cream. → How sweet ice cream it is!

[12–13] 다음 우리말을 영작했을 때 밑줄 친 부분 중 <u>틀린</u> 것을 고르시오.

12 조용히 해라. Michael을 깨우지 말자. 그는 정말 피곤해 보이는구나!

➡ <u>Be</u> quiet. <u>Let's</u> <u>not</u> <u>wakes</u> Michael up. <u>How</u> tired he looks!
　　① 　　　 ② 　③ 　④ 　　　　　　⑤

13 접시에 버터가 좀 있니? 아니, 없어. 두 개의 달걀이 있어.

➡ <u>Is</u> <u>there</u> any butter on the plate? No, <u>there</u> <u>isn't</u>. There <u>is</u> two eggs.
　 ① ② 　　　　　　　　　　　　③ 　④ 　　　 ⑤

14 다음 중 우리말을 올바르게 영작한 것이 <u>아닌</u> 것을 <u>두 개</u> 고르시오.

① 유럽으로 여행을 가자. → Let's travel to Europe.
② Sally, 포기하지 말아라. → Sally, doesn't give up.
③ 저에게 길을 알려주세요. → Show me the way, please.
④ 그 고양이에게 먹이를 주지 말아라. → Let's not feed the cat.
⑤ 그는 정말 바쁜 사람이구나! → What a busy man he is!

[15-16] 다음 문장의 밑줄 친 부분을 바르게 고쳐 문장을 다시 쓰시오.

15 <u>Is</u> there any coins in the piggy bank? Yes, there <u>is</u>.

➡ _____

16 What <u>surprisingly</u> news it is!

➡ _____

[17-18] 다음 주어진 말을 이용하여 우리말을 영작하시오.

17 수업 시간에는 휴대전화를 사용하지 말아라. (in class)

➡ _____

18 그의 생각은 정말 창의적이구나! (how, creative)

➡ _____

[19-21] 다음 표를 보고 빈칸에 알맞은 말을 넣어 글을 완성하시오.

in the refrigerator	milk	no bread	onions
on the wall	pictures	clock	no calendar
in the bag	money	no books	no cellphone

19 _____ some milk in the refrigerator. _____ any bread.

_____ a lot of onions.

20 _____ two pictures on the wall. _____ a clock.

_____ a calendar.

21 Ⓐ _____ any money in the bag?   Ⓑ Yes, _____.

Ⓐ _____ any books in the bag?   Ⓑ No, _____.

Ⓐ _____ a cellphone in the bag?   Ⓑ No, _____.

✔ 영작 Key Point

장소를 나타내는 전치사	at (좁은 장소, 지점)	at the airport
	in (넓은 장소, 건물 등의 내부)	in Seoul
	on (표면에 접촉한 상태)	on the wall
	under ~ 아래에, over ~ 위에, behind ~ 뒤에, in front of ~ 앞에, next to ~ 옆에, near ~ 근처에, between ~ 사이에, across from ~ 맞은편에	
시간을 나타내는 전치사	at (구체적인 시각, 특정 시점)	at 2 o'clock
	on (요일, 날짜, 특정한 날)	on Sunday
	in (년, 월, 계절)	in 2016
	before ~ 전에, after ~ 후에, for ~ 동안, during ~ 동안, until ~까지, from ~ to ... ~에서 ... 까지	
기타 전치사	with ~와 함께, for ~을 위해, by ~를 타고	

UNIT 09 장소를 나타내는 전치사

전치사란 명사나 대명사 앞에 와서 장소나 위치, 시간, 목적, 수단 등을 나타낸다. 장소를 나타내는 전치사에는 at, in, on, under, behind 등이 있으며, 사람이나 물건이 있는 장소나 위치를 구체적으로 나타낸다.

A at, in, on

전치사	의미	쓰임	예
at	~에	비교적 좁은 장소, 지점	at the bus stop, at the corner at home, at school, at the airport
in	~에	도시, 나라 등 비교적 넓은 장소	in Seoul, in Korea, in the world
	~ 안에	건물이나 용기 등의 내부	in the room, in the box, in the bag
on	~ 위에	표면에 접촉한 상태	on the table, on the floor, on the wall

B 기타 장소를 나타내는 전치사

전치사	의미	예
under	~ 아래에	under the table, under the sea
over	~ 위에 (떨어져서 위에)	over the rainbow, over the bridge
behind	~ 뒤에	behind the door, behind the house
in front of	~ 앞에	in front of the car, in front of her
next to	~ 옆에	next to the bakery, next to him
near	~ 근처에	near here, near my house
between	~ 사이에	between the school and the bank, between two trees
across from	~ 맞은편에	across from the post office

➔ **Grammar Plus** between은 between A and B 형태로 쓰거나, 뒤에 복수명사가 온다.
between him and her 그와 그녀 사이에 between two people 두 사람 사이에

A 다음 문장에서 알맞은 것을 고르시오.

01 We sat in | on the bench.

02 Is your school near | between the library?

03 Please put the milk on | in the refrigerator.

04 You should turn right at | on the corner.

05 I put a table between | in two chairs.

06 The car stopped in front of | under my house.

07 What is that behind | at the curtain?

08 The café is next to | near to the bookstore.

09 The museum is between | across the theater and the bank.

10 The cat is sleeping between | under the bed.

11 The fire station is on | across from the police office.

12 A bird is flying over | under the tree.

> **Grammar Guide**
> • between은 '~ 사이에'라는 의미로 between A and B 형태로 쓰거나, 뒤에 복수명사가 온다.
> • 표면에 접촉한 상태의 '~ 위에'는 on을, 떨어져 있는 상태의 '~ 위에'는 over를 쓴다.

B 다음 빈칸에 **at**, **in**, **on** 중 알맞은 것을 쓰시오.

01 I waited for him _____ the bus stop.

02 It snowed a lot _____ Seoul yesterday.

03 Let's meet _____ the train station.

04 Look at the picture _____ the wall.

05 Don't put your hands _____ the box.

06 The post office is _____ the first floor.

07 Your brother is studying _____ his room now.

08 Jane and Sally weren't _____ school last Friday.

09 A small cat is sitting _____ the roof.

10 Mt. Everest is the highest mountain _____ the world.

> **Grammar Guide**
> • at → 비교적 좁은 장소, 지점
> • in → 비교적 넓은 장소, 건물이나 용기 등의 내부
> • on → 표면에 접촉한 상태

Grammar Practice II

A 다음 문장의 밑줄 친 부분을 바르게 고쳐 쓰시오.

01 He watched TV <u>in</u> home last weekend. (➡ _____)

02 My mother is making dinner <u>on</u> the kitchen. (➡ _____)

03 Three sandwiches are <u>in</u> the plate. (➡ _____)

04 The town is between two <u>mountain</u>. (➡ _____)

05 I saw him across <u>to</u> the museum. (➡ _____)

06 Two big trees are <u>in front</u> the restaurant. (➡ _____)

07 She took a photo <u>near</u> to the tower. (➡ _____)

08 How did they build the bridge <u>on</u> the river? (➡ _____)

09 Don't lie down <u>at</u> the grass. (➡ _____)

10 I am reading a book <u>over</u> the tree. (➡ _____)

11 Paul is standing between Jane <u>but</u> Kevin. (➡ _____)

12 They arrived late <u>in</u> the airport. (➡ _____)

B 다음 지도를 보고 빈칸에 알맞은 말을 쓰시오.

hospital		supermarket	library	bank
post office		bakery	café	museum
swimming pool		Italian restaurant	theater	fire station

01 The theater is _____ the café.

02 The café is _____ the bakery _____ the _____.

03 The Italian restaurant is _____ the theater.

04 The supermarket is _____ the _____.

05 The post office is _____ the hospital.

A 다음 주어진 우리말과 일치하도록 빈칸에 알맞은 말을 쓰시오.

01 그 수영장은 꽃집 근처에 있다.

→ The swimming pool is _____ the flower shop.

02 그는 파리에서 호텔에 머무를 것이다.

→ He will stay _____ a hotel _____ Paris.

03 너는 Karen과 James 사이에 있는 소년을 아니?

→ Do you know the boy _____ Karen _____ James?

04 네 가방은 소파 위에 없다. 그것은 침대 아래에 있다.

→ Your bag isn't _____ the sofa. It is _____ the bed.

05 너는 이 건물 앞에 차를 주차하면 안 된다.

→ You shouldn't park your car _____ _____ _____ this building.

B 다음 그림을 보고 주어진 질문에 답하시오.

01 Ⓐ Where is the lamp?

Ⓑ _____

02 Ⓐ Where is the computer?

Ⓑ _____

03 Ⓐ Where are the flowers?

Ⓑ _____

04 Ⓐ Where is the car?

Ⓑ _____

05 Ⓐ Where is the girl?

Ⓑ _____

Sentence Writing

Writing Guide

• 전치사는 명사나 대명사 앞에 쓰는데, 장소를 나타내는 전치사에는 다음의 것들이 있다.
→ at (좁은 장소), in (넓은 장소), on (표면에 접촉한 상태), under ~ 아래에, over ~ 위에, behind ~ 뒤에, in front of ~ 앞에, next to ~ 옆에, near ~ 근처에, between ~ 사이에, across from ~ 맞은편에

A 다음 우리말과 일치하도록 주어진 단어를 올바르게 배열하시오.

01 나는 내 휴대전화를 침대 아래에서 찾았다. (my, I, under, cellphone, the bed, found)

→ _____

02 그녀는 그 꽃병을 바닥에 떨어뜨렸다. (the floor, she, on, the vase, dropped)

→ _____

03 그 미용실은 서점 옆에 있다. (the hair salon, next to, the bookstore, is)

→ _____

04 많은 사람들이 경기장 앞에 서 있다. (many, in front of, the stadium, are, standing, people)

→ _____

B 다음 주어진 말을 이용하여 우리말을 영작하시오.

01 너는 네 주머니에 약간의 돈을 가지고 있니? (pocket)

→ _____

02 그 소녀는 저 나무 뒤에 숨었다. (hide)

→ _____

03 그 산은 두 나라 사이에 있다. (country)

→ _____

04 버스 정류장에서 나를 기다려 줄 수 있니? (wait for)

→ _____

05 그 식당은 기차역 맞은편에 있다. (the train station)

→ _____

A 다음 문장에서 알맞은 것을 고르시오.

01 We had a great time at | in | on England last summer.

02 They are playing soccer at | on the playground.

03 I hid my present at | behind the curtain.

04 Do the students have lunch at | on school?

05 Don't run in | between | on the classroom.

B 다음 주어진 우리말과 일치하도록 빈칸에 알맞은 말을 쓰시오.

01 그것은 육지와 호수에서 살 수 있다.

→ It can live _____ land and _____ the lake.

02 내 책상은 책장과 침대 사이에 있다.

→ My desk is _____ the bookshelf _____ the bed.

03 두 시 정각에 극장 맞은편에서 만나자.

→ Let's meet _____ _____ the movie theater at 2 o'clock.

C 다음 주어진 말을 이용하여 우리말을 영작하시오.

01 우리는 그 나무 아래에서 쉴 것이다. (take a rest)

→ _____

02 나의 아버지는 벽에 그림을 걸고 계신다. (hang)

→ _____

03 그 서점은 백화점 옆에 있다. (the department store)

→ _____

04 Bill은 그의 지갑 안에 돈을 전혀 가지고 있지 않았다. (wallet)

→ _____

UNIT 10 시간을 나타내는 전치사 외

시간을 나타내는 전치사에는 at, on, in, before, after 등이 있으며, 구체적인 시각이나 때를 나타낸다.

A at, on, in

전치사	쓰임	예
at	구체적인 시각	at 10 o'clock, at 5:30 p.m.
	특정 시점	at night, at noon, at midnight
on	요일	on Sunday, on Wednesday
	날짜	on November 10, on June 15
	특정한 날	on Christmas Day, on my birthday
in	년, 월, 계절 등 비교적 긴 시간	in 2016, in January, in spring, in the future
	아침, 오후, 저녁	in the morning, in the afternoon, in the evening

B 기타 시간을 나타내는 전치사

전치사	의미	예
before	～ 전에	before dinner, before 5 o'clock, before noon
after	～ 후에	after school, after lunch, after 2 o'clock
for + 숫자 표현	～ 동안	for an hour, for three weeks, for a year
during + 특정 기간	～ 동안	during class, during vacation, during the weekend
until	～까지	until 5:30, until tomorrow, until Sunday
from ～ to…	～에서 …까지	from 6:00 to 10:00, from Monday to Friday

C 기타 전치사

전치사	의미	예
with	～와 함께, ～을 가지고	He played with his friend. She drew it with a pen.
for	～을 위해	James bought a present for you.
by + 교통수단	～를 타고, ～로	I go to school by bus. He will go to Paris by plane.

➕ **Grammar Plus** 교통수단을 나타낼 때 by + 교통수단을 쓰는데, 걸어가는 경우에는 on foot을 쓴다.
I go to school by foot. (X) I go to school on foot. (O)

A 다음 문장에서 알맞은 것을 고르시오.

01 She went to bed in | on | at midnight yesterday.

02 We don't go to school in | on | at Saturday.

03 They go skiing in | on | at winter.

04 He will leave Korea in | on | at May 18.

05 Do you usually get up in | on | at 6:30?

06 Her birthday is in | on | at December.

07 The actor was born in | on | at 1988.

08 Don't eat too much in | on | at night.

09 The old man always takes a walk in | on | at the afternoon.

10 Children get a present in | on | at Christmas Day.

> **Grammar Guide**
> • at → 구체적인 시각, 특정 시점
> • on → 요일, 날짜, 특정한 날
> • in → 년, 월, 계절, 아침/오후/저녁

B 다음 보기에서 알맞은 전치사를 골라 빈칸에 쓰시오.

01 You shouldn't go outside _____ 9 o'clock.

02 It will be raining _____ this Friday.

03 I went to the concert _____ my friend.

04 She usually goes to work _____ subway.

05 You should wash your hands _____ a meal.

06 We will travel in Europe _____ summer vacation.

07 They sometimes watch TV _____ the evening.

08 He went to the library _____ foot.

09 Mike bought some flowers _____ his mother.

10 The festival will start _____ noon today.

11 Bake it in the oven _____ an hour.

12 It takes one hour _____ Seoul _____ Busan by plane.

보기 ▶ at
by
on
in
with
for
after
until
during
before
from ~ to ...

Grammar Practice II

A 다음 문장에서 밑줄 친 부분을 바르게 고쳐 쓰시오.

01 We can go to Jeju Island <u>on</u> ship. (➡ _____)

02 My puppy is playing <u>to</u> a ball. (➡ _____)

03 Did you buy a present <u>of</u> Sally? (➡ _____)

04 The accident happened <u>in</u> midnight. (➡ _____)

05 He slept <u>during</u> 10 hours yesterday. (➡ _____)

06 What did you do <u>at</u> your birthday? (➡ _____)

07 She will learn Chinese <u>for</u> winter vacation. (➡ _____)

08 Leaves turn red <u>at</u> autumn. (➡ _____)

09 He has to finish the work <u>with</u> tomorrow. (➡ _____)

10 I go to school <u>for</u> Monday to Friday. (➡ _____)

B 다음 주어진 말과 알맞은 전치사를 사용하여 질문에 답하시오.

01 Ⓐ When is Children's Day? (May 5)

Ⓑ _____

02 Ⓐ When did you visit America? (1999)

Ⓑ _____

03 Ⓐ What time do you usually eat dinner? (6:30 p.m.)

Ⓑ _____

04 Ⓐ How long did he work at the bank? (10 years)

Ⓑ _____

05 Ⓐ How do they go to the zoo? (train)

Ⓑ _____

06 Ⓐ When did your brothers fight? (afternoon)

Ⓑ _____

A 다음 우리말과 일치하도록 빈칸에 알맞은 말을 쓰시오.

01 해는 아침 6시 30분에 떴다.

→ The sun rose _____ 6:30 _____ _____ _____.

02 그녀는 자정까지 전화통화를 했다.

→ She talked on the phone _____ _____.

03 그것은 낮 동안에는 잠을 자고, 밤에 사냥한다.

→ It sleeps _____ the day and hunts _____ _____.

04 그 박물관은 오전 9시부터 오후 6시까지 문을 연다.

→ The museum is open _____ 9 a.m. _____ 6 p.m.

05 식사 전에는 손을 닦고, 식사 후에는 이를 닦아라.

→ Wash your hands _____ meals and brush your teeth _____ meals.

B 다음 괄호 안에 주어진 우리말을 영어 표현으로 바꾸어 문장을 다시 쓰시오.

01 It snowed a lot. (1월에)

→ _____

02 My father came back home yesterday. (7시 정각에)

→ _____

03 We will go on a picnic. (버스를 타고)

→ _____

04 The boy asks many questions. (수업 시간 동안)

→ _____

05 He sang a song. (그녀를 위해)

→ _____

06 They usually have a math test. (금요일에)

→ _____

Sentence Writing

Writing Guide

- 시간을 나타내는 전치사 → **at** (구체적인 시각), **on** (요일, 날짜), **in** (년, 월, 계절), **before** ~ 전에, **after** ~ 후에, **for** ~ 동안, **during** ~ 동안, **until** ~까지, **from ~ to...** ~에서 ...까지
- 기타 전치사 → **with** ~와 함께, ~을 가지고, **for** ~을 위해, **by** ~를 타고, ~로

A 다음 우리말과 일치하도록 주어진 단어를 올바르게 배열하시오.

01 나는 런던에서 일 년 동안 머물렀다. (in, a, for, year, stayed, I, London)

➡ _____

02 그녀는 점심시간 후에 돌아올 것이다. (after, will, lunchtime, she, be back)

➡ _____

03 우리는 자정까지 숙제를 했다. (our, until, we, midnight, homework, did)

➡ _____

04 그 은행은 11시 30분부터 2시 30분까지 바쁘다. (from, is, 11:30, to, the bank, 2:30, busy)

➡ _____

B 다음 주어진 말을 이용하여 우리말을 영작하시오.

01 우리는 그 경기 전에 열심히 연습했다. (practice)

➡ _____

02 어떤 동물들은 추운 겨울 동안 잠을 잔다. (some, the cold winter)

➡ _____

03 나는 주말에 항상 그녀와 함께 산책을 한다. (take a walk)

➡ _____

04 우리의 여름 방학은 7월에 시작한다. (start)

➡ _____

05 너는 월요일 9시 30분에 회의가 있니? (meeting)

➡ _____

A 다음 문장에서 알맞은 것을 고르시오.

01 My mother baked cookies   at | for   us.

02 You should go to the airport   by | with   taxi.

03 Don't talk with your friends   for | during   the exam.

04 The baby didn't sleep   on | until   11 last night.

05 They usually get up late   on | at   Sunday morning.

B 다음 주어진 우리말과 일치하도록 빈칸에 알맞은 말을 쓰시오.

01 우리는 9시 전에 학교에 도착해야 한다.

→ We should arrive _____ school _____ 9.

02 그녀는 지난 여름에 2주 동안 중국을 방문했다.

→ She visited China _____ _____ _____ last summer.

03 그 고양이는 오후에 자고 밤에 운다.

→ The cat sleeps _____ the afternoon and cries _____ _____.

C 다음 주어진 말을 이용하여 우리말을 영작하시오.

01 Henry는 방과 후에 항상 운동을 한다. (do exercise)

→ _____

02 사람들은 대개 월요일부터 금요일까지 일한다. (work)

→ _____

03 해는 저녁 7시 30분에 질 것이다. (set)

→ _____

04 이 비누를 가지고 네 손을 씻어라. (wash, soap)

→ _____

Actual Test

01 다음 빈칸에 들어갈 알맞은 것을 고르시오.

We have English class _____ Thursday.

① in   ② at   ③ on   ④ with   ⑤ in

02 다음 빈칸에 들어갈 수 <u>없는</u> 것을 고르시오.

The post office is _____ the museum.

① behind   ② in front of   ③ between   ④ next to   ⑤ across from

[03-04] 다음 대화의 빈칸에 들어갈 알맞은 것을 고르시오.

03 ⒶHow long will you stay in Rome?   ⒷI will stay in Rome _____ two weeks.

① in   ② at   ③ on   ④ for   ⑤ during

04 ⒶHow do you go to school?   ⒷI usually go to school _____ subway.

① with   ② by   ③ until   ④ at   ⑤ behind

[05-06] 다음 빈칸에 공통으로 들어갈 알맞은 것을 고르시오.

05 · The drugstore is _____ the corner.
   · Don't play the violin _____ night.

① at   ② on   ③ in   ④ with   ⑤ near

06 · It is the highest building _____ the world.
   · Canada is very beautiful _____ fall.

① at   ② for   ③ on   ④ during   ⑤ in

07 다음 빈칸에 알맞은 말이 바르게 짝지어진 것을 고르시오.

· We can't use cellphones _____ class.
· The school is _____ the park and the museum.

① for – near   ② at – between   ③ during – behind
④ during – between   ⑤ during – in front of

08 다음 중 빈칸에 들어갈 전치사가 <u>다른</u> 하나를 고르시오.

① She was born _____ February.
② Put the vase _____ the table.
③ My birthday is _____ June 17.
④ A clock is _____ the wall.
⑤ We clean the house _____ Sunday morning.

09 다음 중 밑줄 친 전치사의 의미가 <u>다른</u> 하나를 고르시오.

① He rode his bike <u>for</u> an hour.   ② She cooked spaghetti <u>for</u> me.
③ They practiced it <u>for</u> 3 months.   ④ I lived in Seoul <u>for</u> 7 years.
⑤ We stayed at the hotel <u>for</u> 10 days.

10 다음 중 밑줄 친 부분이 바르지 <u>못한</u> 것을 고르시오.

① She drinks coffee <u>in the morning</u>.   ② I waited for him <u>until 6 o'clock</u>.
③ They go to work <u>by foot</u>.   ④ We played badminton <u>from 6 to 7</u>.
⑤ I sat <u>between Kate and Emily</u>.

[11-12] 다음 우리말을 영작했을 때 밑줄 친 부분 중 <u>틀린</u> 것을 고르시오.

11 우리는 오후 2시에 극장 앞에 서 있을 것이다.

→ We <u>will</u> <u>stand</u> <u>in front of</u> the theater <u>at 2</u> <u>on the afternoon</u>.
      ①   ②   ③   ④   ⑤

12 그는 2012년에 비행기로 파리에 갔고, 거기에서 2년 동안 살았다.

→ He <u>went</u> to Paris <u>by</u> plane <u>in</u> 2012 and lived there <u>during</u> <u>two years</u>.
      ①   ②   ③   ④   ⑤

13 다음 중 우리말을 올바르게 영작한 것을 고르시오.

① 그는 우리 집 맞은편에 산다. → He lives next to my house.
② Sally는 그녀의 가방을 책상 아래에 두었다. → Sally put her bag on the desk.
③ 너는 7시까지 돌아와야 한다. → You should come back after 7.
④ 그 시장은 호텔 뒤에 있다. → The market is behind the hotel.
⑤ 나는 여동생과 함께 쇼핑을 갔다. → I went shopping by my sister.

14 The movie theater is between the bank to the hospital.

→ _____

15 We are at school for 9 a.m. to 3 p.m.

→ _____

[16-18] 다음 주어진 말을 이용하여 우리말을 영작하시오.

16 그녀는 그녀의 차를 서점 뒤에 주차했다. (park, the bookstore)

→ _____

17 나는 부모님과 함께 한 시간 동안 쇼핑을 했다. (go shopping)

→ _____

18 그들은 금요일까지 이 호텔에 머물 것이다. (stay)

→ _____

[19-24] 다음 **Kate**의 월요일 일정표를 보고 글을 완성하시오.

Monday's Schedule	
6:30 a.m.	wake up
7:00 a.m.	breakfast
8:30 a.m.	go to school
9:00 a.m.	art class
10:00 a.m.	music class
11:00 a.m.	math class
12:00 p.m.	lunchtime
1:00 p.m.	P.E. class

19 Kate wakes up _____ 6:30 _____ Monday.

20 She goes to school _____ breakfast.

21 She draws pictures _____ art class.

22 She has music class _____ lunchtime.

23 She has three classes _____ the morning.

24 Lunchtime is _____ 12:00 _____ 1:00.

Chapter 06 접속사

✔ 영작 Key Point

등위 접속사	and (그리고, ~와/과)	서로 대등한 내용 연결	She likes apples and pears.
	but (그러나, 하지만)	서로 반대되는 내용 연결	He is young but wise.
	or (또는)	둘 중 하나를 가리킬 때	Do you want milk or juice?
	so (그래서, 그러므로)	원인과 결과인 문장을 연결	It was cold, so I stayed at home.
종속 접속사	when (~할 때)	시간을 나타낼 때	I sleep when I feel tired.
	before (~하기 전에)		He left before I came back.
	after (~한 후에)		We drank tea after we ate lunch.
	until (~할 때까지)		She will wait until the rain stops.
	because (~하기 때문에)	이유를 나타낼 때	I was absent because I was sick.
	if (만약 ~하다면)	조건을 나타날 때	He will be glad if you call him.

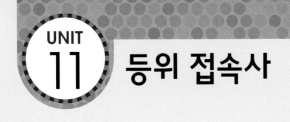

등위 접속사

Grammar Point

등위 접속사는 단어와 단어, 구와 구, 문장과 문장을 대등하게 연결해주는 말로 and, but, or, so가 있다.

등위 접속사	and	but	or	so
의미	그리고, ~와/과	그러나, 하지만	또는	그래서, 그러므로
쓰임	서로 대등하거나 이어지는 내용을 연결	서로 반대되는 내용을 연결	둘 중 하나를 가리키는 경우	원인과 결과인 문장을 연결

A 단어와 단어 연결

	단어	등위 접속사	단어	해석
He likes	apples	and	bananas.	그는 사과와 바나나를 좋아한다.
You are	young	but	wise.	너는 어리지만 현명하다.
Would you like	coffee	or	tea?	커피나 차를 드시겠어요?

➔ **Grammar Plus** 단어와 단어를 연결할 때는 품사가 서로 같아야 하며, 세 개 이상을 연결할 때는 콤마(,)로 연결하고 마지막에만 접속사를 쓴다. It is cute and small. (O) It is cute and a dog. (X) I like apples, pears, and peaches. (O)

B 구와 구 연결

	구	등위 접속사	구	해석
I	met him	and	ate lunch.	나는 그를 만나서 점심을 먹었다.
He	likes cats	but	hates dogs.	그는 고양이는 좋아하지만, 개는 싫어한다.
She	watches TV	or	goes hiking.	그녀는 TV를 보거나 하이킹을 간다.

➔ **Grammar Plus** 구와 구를 연결할 때는 문법적으로 맞아야 한다. I ate pizza and drank tea. (O) I ate pizza and drink tea. (X)

C 문장과 문장 연결

문장	등위 접속사	문장	해석
She is a doctor,	and	he is a cook.	그녀는 의사이고, 그는 요리사이다.
He is rich,	but	he isn't happy.	그는 부유하지만, 행복하지 않다.
Are you sick,	or	do you feel tired?	너는 아프니, 아니면 피곤하니?
It was rainy,	so	I wore rain boots.	비가 와서, 나는 장화를 신었다.

➔ **Grammar Plus** 문장과 문장을 연결할 때는 접속사 앞에 콤마(,)를 쓴다. He has a puppy, and its name is Leo.

A 다음 문장에서 알맞은 것을 고르시오.

01 James is handsome and | but smart.

02 He goes to school by bus but | or by bike.

03 She is kind, but | so everybody likes her.

04 Tom likes English and | but doesn't like math.

05 Which is faster, a cheetah and | or a tiger?

06 The mountain is high and dangerous | danger .

07 He hurt his leg, so | but he didn't walk.

08 Will you stay at home or | so go to the movies?

09 They are rich and | but unhappy | unhappily .

10 We play soccer or do | did our homework after school.

11 I have two sisters and | but don't | doesn't have a brother.

12 There are three pens, and | X two books, and | but a pencil case.

> **Grammar Guide**
>
> • 등위 접속사 and (그리고, ~와/과), but (그러나, 하지만), or (또는), so (그래서, 그러므로)는 단어와 단어, 구와 구, 문장과 문장을 대등하게 연결해준다.

B 다음 보기에서 알맞은 접속사를 골라 빈칸에 쓰시오.

01 David was sick, _____ he went to the hospital.

02 London Bridge _____ Big Ben are in London.

03 Which sport do you like, baseball _____ soccer?

04 I eat breakfast at 8 _____ go to school by bus.

05 The house is old _____ looks great.

06 Mary ate lunch, _____ she didn't eat dinner.

07 You can stay with us, _____ you can leave now.

08 It snowed heavily, _____ the road was slippery.

09 Is the school festival on May 2 _____ May 3?

10 He visited Seoul, Busan, _____ Jeju Island in Korea.

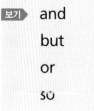

보기 and
     but
     or
     so

Grammar Practice II

A 다음 문장의 밑줄 친 부분을 바르게 고쳐 쓰시오.

01 The weather will be cold <u>or</u> snowy. (➡ _____)

02 Is she at school <u>but</u> in the library? (➡ _____)

03 The boy fell down, <u>so</u> he didn't cry. (➡ _____)

04 We have a lot of homework, <u>but</u> we can't play. (➡ _____)

05 My sister, <u>and my brother and</u> I swim well. (➡ _____)

06 He plays the piano but <u>didn't play</u> the guitar. (➡ _____)

07 Mr. Smith speaks English slowly and <u>clear</u>. (➡ _____)

08 I went to the market <u>or buy</u> some oranges. (➡ _____)

09 Will you go shopping <u>but</u> watch TV at home? (➡ _____)

10 The ticket is too expensive, <u>and</u> I can't buy it. (➡ _____)

B 다음 두 문장을 **and**, **but**, **or**, **so**를 사용하여 한 문장으로 만들 때 빈칸에 알맞은 말을 쓰시오.

01 Mary likes English. Mary likes math, too.

➡ Mary likes _____ _____ _____.

02 The boy is small. The boy is strong.

➡ The boy is _____ _____ _____.

03 The movie was sad. Everyone cried.

➡ The movie was sad, _____ _____ _____.

04 Would you like some tea? Would you like some coffee?

➡ Would you like some _____ _____ _____?

05 I will do my homework. I will watch TV then.

➡ I will _____ my homework _____ _____ TV.

06 Harry can go to school by bus. Harry can go to school on foot.

➡ Harry can go to school by bus _____ _____ _____.

A 다음 주어진 우리말과 일치하도록 빈칸에 알맞은 말을 쓰시오.

01 그는 일찍 일어나서 해돋이를 보았다.

→ He woke up early _____ _____ the sunrise.

02 너는 뉴욕에 사니, 아니면 런던에 사니?

→ Do you live in New York _____ London?

03 그 닭고기 수프는 냄새는 좋지만, 맛이 없다.

→ The chicken soup smells good, _____ it _____ bad.

04 우리는 주말에 영화를 보거나 배드민턴을 친다.

→ We go to the movies _____ _____ badminton on the weekend.

05 날씨가 추워서, 나는 집에 머물렀다.

→ It was cold, _____ I _____ at home.

B 다음 보기와 같이 **and**, **but**, **or**, **so**를 사용하여 한 문장으로 바꾸어 쓰시오.

> 보기 ▶ The class was boring. I fell asleep. → <u>The class was boring, so I fell asleep.</u>

01 I am 12 years old. I like to play sports.

→ _____

02 It was hot. She drank a lot of cold drinks.

→ _____

03 She knows him. He doesn't know her.

→ _____

04 You may go shopping. You may take a walk.

→ _____

05 I don't have any money. My sister has a lot of money.

→ _____

Sentence Writing

Writing Guide

- and, but, or, so는 단어와 단어, 구와 구, 문장과 문장을 대등하게 연결해준다.　→　He is tall and thin.
- 문장과 문장을 연결할 때 접속사 앞에 콤마(,)를 쓴다.　→　She was sad, so she cried.
- 단어와 단어를 연결할 때는 품사가 서로 같아야 하고, 구와 구를 연결할 때는 문법적으로 맞아야 한다.

A 다음 우리말과 일치하도록 주어진 단어를 올바르게 배열하시오.

01 그는 아침을 먹고 커피를 마실 것이다. (eat, he, coffee, and, drink, breakfast, will)

➡ _____

02 너는 봄과 가을 중에 어느 계절을 좋아하니? (like, which, spring, or, do, fall, you, season, ?)

➡ _____

03 나는 일찍 일어났지만, 그는 늦잠을 잤다. (early, slept, he, late, woke up, but, I)

➡ _____

04 Bill은 점심을 먹지 않아서, 배가 고팠다. (lunch, Bill, hungry, eat, he, was, didn't, so)

➡ _____

B 다음 주어진 말을 이용하여 우리말을 영작하시오.

01 나는 수영을 가거나, 아니면 등산을 할 것이다. (climb a mountain)

➡ _____

02 그의 할아버지는 연세가 많으시지만, 건강하시다. (healthy)

➡ _____

03 내 여동생이 아파서, 나는 그녀를 돌봐 주었다. (take care of)

➡ _____

04 Jane은 피아노, 플루트, 그리고 기타를 연주할 수 있다. (guitar)

➡ _____

05 그녀는 아침에 일찍 일어나서 운동한다. (do exercise)

➡ _____

A 다음 문장에서 알맞은 것을 고르시오.

01 I had a toothache, or | so I went to the dentist.

02 She moved to London and | or lived there for 5 years.

03 You can have ice cream or | so cake for dessert.

04 The suitcase looked heavy, but | and it was light.

05 Ashely sings well and dances | danced beautifully.

B 다음 주어진 우리말과 일치하도록 빈칸에 알맞은 말을 쓰시오.

01 너는 치마를 입을 거니, 아니면 바지를 입을 거니?

→ Are you going to wear a skirt _____ trousers?

02 날씨가 좋아서, 우리는 소풍을 갔다.

→ The weather was fine, _____ we _____ on a picnic.

03 그는 기차역으로 달려갔지만, 기차를 놓쳤다.

→ He ran to the train station _____ _____ the train.

C 다음 주어진 말을 이용하여 우리말을 영작하시오.

01 날씨가 더워서, 그는 에어컨을 켰다. (turn on, air conditioner)

→ _____

02 나는 작가가 되거나, 아니면 동물원 사육사가 될 것이다. (writer, zookeeper)

→ _____

03 그들은 텐트를 사서 캠핑을 갔다. (tent, go camping)

→ _____

04 그는 최선을 다했지만, 그 경기에서 졌다. (do his best)

→ _____

종속 접속사

종속 접속사는 종속절을 주절에 연결할 때 쓰는 것으로 시간, 이유나 원인, 조건 등을 나타낸다. 종속 접속사가 이끄는 절은 혼자 쓰일 수 없다.

쓰임	종속 접속사	의미
시간을 나타낼 때	when	~할 때
	before	~하기 전에
	after	~한 후에
	until	~할 때까지
이유나 원인을 나타낼 때	because	~하기 때문에
조건을 나타낼 때	if	만약 ~하다면

A when, before, after, until

주절 (주어 + 동사)	종속 접속사	종속절 (주어 + 동사)	해석
She lived in Seoul	when	she was young.	그녀는 어렸을 때 서울에서 살았다.
We wash our hands	before	we eat.	우리는 먹기 전에 손을 씻는다.
He watched TV	after	he had dinner.	그는 저녁을 먹은 후에 TV를 보았다.
I will wait	until	you come.	나는 네가 올 때까지 기다릴 것이다.

✛ **Grammar Plus** 1) 종속 접속사가 이끄는 절이 먼저 나오는 경우 절과 절 사이에 콤마(,)를 쓴다.
　　　　　 EX He moved to Seoul when he was 12. → When he was 12, he moved to Seoul.
　　　　　 2) 시간을 나타내는 종속절에서는 현재 시제가 미래 시제를 대신한다.
　　　　　 EX I will call you after I will come back. (X) → I will call you after I come back. (O)
　　　　　 3) when은 '언제'라는 의미의 의문사로도 쓰인다. EX When is your birthday?

B because, if

주절 (주어 + 동사)	종속 접속사	종속절 (주어 + 동사)	해석
She didn't come	because	she was sick.	그녀는 아팠기 때문에 오지 못했다.
We stayed at home		it rained.	비가 왔기 때문에 우리는 집에 머물렀다.
Open the window	if	you are hot.	만약 더우면, 창문을 열어라.
He will be glad		he meets you.	그가 너를 만나면, 그는 기뻐할 것이다.

✛ **Grammar Plus** 조건을 나타내는 종속절에서도 현재 시제가 미래 시제를 대신한다.
　　　　　 EX We won't be late if we will hurry. (X) → We won't be late if we hurry. (O)

A 다음 문장에서 종속 접속사를 찾아 밑줄을 긋고 해석하시오.

01 I was very shy when I was young.

➡ _____

02 You can play outside after you finish your homework.

➡ _____

03 He didn't go to sleep until his father came back.

➡ _____

04 If you don't hurry, you will be late.

➡ _____

05 He closed the window because it was windy.

➡ _____

06 Before it is dark, they will leave.

➡ _____

B 다음 문장에서 알맞은 것을 고르시오.

01 Before | If it is sunny tomorrow, we will go camping.

02 He always turns off the light before | until he goes out.

03 Kate lived with her grandparents until | if she was 9.

04 She missed the bus because | before she got up late.

05 After | When she goes jogging, she takes a shower.

06 Because | Before we don't have time, we can't help you.

07 When | Until she heard the news, she was surprised.

08 If | After you come early, you can meet him.

09 You will be healthy if you will do | do exercise regularly.

10 After Tom goes | will go to school, she will clean the house.

Grammar Guide

• when (~할 때), before (~하기 전에), after (~한 후에), until (~할 때까지), because (~하기 때문에), if (만약 ~하다면)
• 시간이나 조건을 나타내는 종속절에서는 현재 시제가 미래 시제를 대신한다.

Grammar Practice II

A 다음 보기에서 알맞은 것을 골라 문장을 완성하시오.

> 보기 ▶
> · before we go to bed
> · until the class ended
> · after they fought
> · if you don't eat breakfast
> · because she missed the bus
> · when he grows up

01 He will become a doctor _____.

02 _____, you will be hungry.

03 We brush our teeth _____.

04 _____, they didn't talk to each other.

05 Sally was late for school _____.

06 _____, the boy didn't ask any questions.

B 다음 괄호 안의 접속사를 사용하여 두 문장을 한 문장으로 바꾸어 쓰시오.

01 His face turns red. He tells lies. (when)

→ _____

02 She returned to London. She taught English. (until)

→ _____

03 We saw many stars. The sun set. (after)

→ _____

04 The movie was funny. He laughed a lot. (because)

→ _____

05 I must buy some milk. The shop will close. (before)

→ _____

06 My family will go skiing. It will snow. (if)

→ _____

A 다음 우리말과 일치하도록 빈칸에 알맞은 말을 쓰시오.

01 너는 자전거를 탈 때 조심해야 한다.

→ You should be careful _____ you ride your bike.

02 Susan은 피곤했기 때문에 일찍 잠자리에 들었다.

→ _____ Susan was tired, she _____ to bed early.

03 그녀는 한국을 떠날 때까지 그 호텔에 머무를 것이다.

→ She _____ stay at the hotel _____ she _____ Korea.

04 그들은 테니스를 친 후에 아이스크림을 먹을 것이다.

→ They _____ eat ice cream _____ they _____ tennis.

05 만약 내일 덥다면, 우리는 해변에 갈 것이다.

→ _____ it _____ hot tomorrow, we _____ go to the beach.

B 다음 문장의 틀린 부분을 바르게 고쳐 문장을 다시 쓰시오.

01 She washed the dishes before she ate dinner. 그녀는 저녁을 먹은 후에 설거지를 했다.

→ _____

02 My mother gets up if the sun rises. 나의 어머니는 해가 뜨기 전에 일어나신다.

→ _____

03 Because he studied hard he got an A. 그는 열심히 공부했기 때문에 A를 받았다.

→ _____

04 Until Sam was young, he didn't eat meat. Sam은 어렸을 때 고기를 먹지 않았다.

→ _____

05 If he will visit us, we will be glad. 만약 그가 우리를 방문한다면, 우리는 기쁠 것이다.

→ _____

06 I will help her until she will get well. 나는 그녀가 건강해질 때까지 그녀를 도와줄 것이다.

→ _____

Sentence Writing

Writing Guide

· when, before, after, until, because, if는 종속절을 주절에 연결할 때 쓴다. → I was shy when I was young.
· 종속 접속사가 이끄는 절이 먼저 나오면 절과 절 사이에 콤마(,)를 쓴다. → After I slept, I felt happy.
· 시간이나 조건을 나타내는 종속절에서는 현재 시제가 미래 시제를 대신한다. → I will be glad if you come.

A 다음 우리말과 일치하도록 주어진 단어를 올바르게 배열하시오.

01 그녀는 젊었을 때 아름다웠다. (was, she, beautiful, she, when, young, was)

→ _____

02 네가 거짓말을 했기 때문에 나는 화가 났다. (told, you, because, was, I, angry, a lie)

→ _____

03 그는 10살이 되기 전에 골프를 배웠다. (was, before, golf, learned, he, he, 10)

→ _____

04 열심히 연습한다면, 너는 그를 이길 것이다. (hard, you, you, practice, will, him, beat, if)

→ _____

B 다음 주어진 말을 이용하여 우리말을 영작하시오.

01 내가 집에 돌아왔을 때 그녀는 집에 없었다. (come back home)

→ _____

02 만약 네가 약속을 지킨다면, 나는 행복할 것이다. (keep your promise)

→ _____

03 그녀는 자전거를 탄 후에 샤워를 할 것이다. (take a shower)

→ _____

04 그는 어젯밤 잠을 자지 못했기 때문에 피곤했다. (feel)

→ _____

05 나는 꿈이 이루어질 때까지 열심히 공부할 것이다. (come true)

→ _____

A 다음 문장에서 알맞은 것을 고르시오.

01 Bring your umbrella because | after it will rain tonight.

02   When | If I saw him, he looked sad.

03 Please knock on the door after | before you come in.

04 If he will exercise | exercises regularly, he will lose weight.

05   Until | Because he passes the test, he will study hard.

B 다음 주어진 우리말과 일치하도록 빈칸에 알맞은 말을 쓰시오.

01 만약 우리가 지하철을 탄다면, 학교에 늦지 않을 것이다.

→ _____ we _____ the subway, we _____ be late for school.

02 나는 파리에 갔을 때 에펠 탑을 방문했다.

→ I _____ the Eiffel Tower _____ I _____ to Paris.

03 그는 친절하고 공손하기 때문에 모든 사람이 그를 좋아한다.

→ Everyone _____ him _____ he _____ kind and polite.

C 다음 주어진 말을 이용하여 우리말을 영작하시오.

01 그는 그 소설을 쓴 후에 유명해졌다. (famous, novel)

→ _____

02 나는 잠이 들 때까지 음악을 듣는다. (fall asleep)

→ _____

03 그들은 운이 없었기 때문에 경기에서 졌다. (unlucky)

→ _____

04 만약 네가 그 파티에 간다면, 즐거운 시간을 보낼 것이다. (have fun)

→ _____

Actual Test

[01–02] 다음 빈칸에 들어갈 수 있는 것을 고르시오.

01 The boy is tall, _____ he is weak.

① before　　　② but　　　③ so　　　④ and　　　⑤ or

02 The children will make a snowman if it _____.

① is snowing　　② will snow　　③ snowed　　④ snow　　⑤ snows

[03–04] 다음 대화의 빈칸에 들어갈 알맞은 것을 고르시오.

03
Ⓐ Would you like some cookies _____ donuts?　Ⓑ Cookies, please.

① and　　　② or　　　③ but　　　④ because　　　⑤ after

04
Ⓐ What did you do last weekend?
Ⓑ I watched TV at home _____ it was cold outside.

① because　　② after　　③ or　　④ before　　⑤ until

[05–06] 다음 두 문장을 한 문장으로 바꿀 때 빈칸에 들어갈 알맞은 것을 고르시오.

05
Susan had a cold. She went to the hospital.
→ Susan had a cold, _____ she went to the hospital.

① or　　　② if　　　③ but　　　④ so　　　⑤ because

06
You can't sleep. You drink coffee at night.
→ _____ you drink coffee at night, you can't sleep.

① So　　　② If　　　③ But　　　④ Or　　　⑤ Before

07 다음 빈칸에 알맞은 말이 바르게 짝지어진 것을 고르시오.

· James ate pizza, grapes, _____ salad for dinner.
· They will stay at home _____ the rain stops.

① or – until　　② and – so　　③ and – until　　④ or – before　　⑤ but – when

08 다음 중 밑줄 친 단어의 쓰임이 <u>다른</u> 하나를 고르시오.

① <u>When</u> she was a child, she was quiet.
② He screamed <u>when</u> he was scared.
③ <u>When</u> do you go to sleep at night?
④ Peter sings a song <u>when</u> he takes a shower.
⑤ <u>When</u> I was in San Diego, I lived with my sister.

09 다음 중 밑줄 친 부분이 올바른 것을 고르시오.

① <u>Jean or Paul</u> play the piano together.
② Do you want <u>beef but pork</u>?
③ We believe him <u>because he is honest</u>.
④ I like math <u>and doesn't like history</u>.
⑤ If the bus <u>will come</u> early, we won't be late.

10 다음 중 올바른 문장이 <u>아닌</u> 것을 고르시오.

① After it gets dark, the moon will rise.
② When I took a picture, she smiled.
③ Until the party was over, he didn't come.
④ Do you have time, but are you busy?
⑤ The test was very easy, so we all passed it.

[11 – 12] 다음 우리말을 영작했을 때 밑줄 친 부분 중 <u>틀린</u> 것을 고르시오.

11 Paul은 아이였을 때 몸집은 작았지만, 튼튼했다.

→ <u>Before</u> Paul <u>was</u> a child, he <u>was</u> small <u>but</u> strong.
　　①　　　　②　　　　③　　　④　　　　⑤

12 내가 집에 올 때까지 어머니와 아버지는 나를 기다리실 것이다.

→ <u>Until</u> I <u>will come</u> <u>home</u>, my mother <u>and</u> father <u>will wait</u> for me.
　　①　　　②　　　③　　　　　　　　④　　　　　　⑤

13 다음 중 우리말을 올바르게 영작한 것을 고르시오.

① 그의 차는 낡았지만, 빠르다. → His car is old, and it is fast.
② 월요일이니, 아니면 화요일이니? → Is it Monday so Tuesday?
③ 만약 날씨가 맑으면, 그것은 마를 것이다. → If it is sunny, it will be dry.
④ 그는 공부할 때 라디오를 듣는다. → Until he studies, he listens to radio.
⑤ 나는 내 일을 끝낸 후에 너를 도울 것이다. → I will help you after I will finish my work.

[14–15] 다음 주어진 우리말과 일치하도록 빈칸에 알맞은 말을 쓰시오.

14 나는 약간의 돈을 모은 후에 자전거를 살 것이다.

➡ I _____ buy a bike _____ I _____ some money.

15 만약 네가 질문을 한다면, 그는 친절하게 대답해 줄 것이다.

➡ _____ you _____ a question, he _____ _____ kindly.

[16–17] 다음 주어진 말을 이용하여 우리말을 영작하시오.

16 우리는 지난 여름에 영국, 프랑스, 그리고 스위스를 방문했다. (England, France, Switzerland)

➡ _____

17 그는 Jane을 만나기 전에 꽃을 조금 샀다. (meet)

➡ _____

[18–21] 다음 표를 보고 빈칸에 알맞은 접속사를 쓰시오.

	math	English	science
Danny	☺	☺	☺
Jim	☺	☹	☹
I	☹	☹	☹

18 Danny likes math, English, _____ science.

19 Jim likes math, _____ he doesn't like English _____ science.

20 Mom Why don't you like math?

  Me I don't like math _____ it is too difficult. _____ I study math, I am bored.

21 Mom Which subject does Jim like, math _____ science?

  Me He likes math, _____ he always gets an A on his math tests.

문법탄탄

탄탄 정답 및 해설

WRITING

문장의 확장편 ❶

3

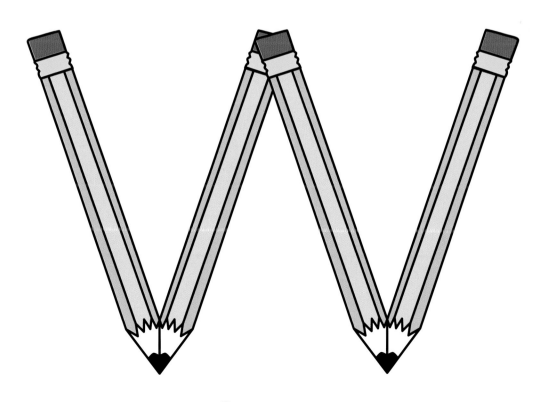

Happy House

문법탄탄

WRITING 3

문장의 확장편 ❶

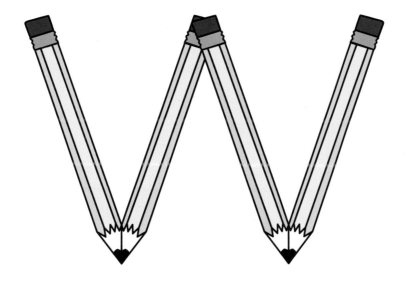

ⓒ Happy House

Unit 01 주어 + 동사 + (보어/목적어)

Grammar Practice I
p. 9

A 01 주어　　02 동사　　03 보어
　04 목적어　　05 보어　　06 목적어
　07 보어　　08 주어　　09 동사
　10 목적어

B 01 sad　　02 met　　03 hard
　04 thirsty　　05 them　　06 good
　07 heavy　　08 beautiful　　09 flew
　10 speaks　　11 brightly　　12 loud

A 01 내 여동생은 일요일에 교회에 간다.
　02 우리는 3년 전에 서울에 살았다.
　03 이 케이크는 맛이 좋지 않다.
　04 Michael은 우리를 그의 집으로 초대했다.
　05 너의 할머니는 건강해 보이신다.
　06 그는 방에서 만화책을 읽고 있다.
　07 Tommy는 대학생이 되었다.
　08 그 영화는 5분 후에 시작할 것이다.
　09 그의 목소리는 오늘 행복하게 들렸다.
　10 나는 방과 후에 숙제를 한다.

01 · 08 주어는 보통 문장 맨 앞에 와서 '~은/는, ~이/가'로 해석된다.
02 · 09 동사는 주어의 동작이나 상태를 나타내는 말로, 보통 주어 뒤에 와서
'~이다, ~하다'로 해석된다. 03 · 05 · 07 보어는 동사 뒤에 와서 주어의
성질이나 상태 등을 보충 설명해준다. 04 · 06 · 10 목적어는 보통 동사 뒤에
와서 '~을/를, ~에게'로 해석된다.

B 01 그녀는 어제 슬퍼 보였다.
　02 우리는 길에서 네 여동생을 만났다.
　03 그 학생들은 지금 열심히 공부하고 있다.
　04 그 아이들은 지난밤에 목이 말랐다.
　05 나의 부모님은 그들을 매우 좋아하신다.
　06 그 꽃병에 있는 꽃들은 좋은 향기가 난다.
　07 코끼리는 매우 무겁다.
　08 너는 파티에서 매우 아름다웠다.
　09 그 독수리는 매우 높이 날았다.
　10 그는 두 개의 다른 언어를 말한다.
　11 나의 아버지는 항상 밝게 웃으신다.
　12 그의 목소리는 커질 것이다.

01 · 04 · 06 감각동사 뒤의 보어 자리에는 형용사만 온다. 02 동사 바로 뒤에
목적어가 있으므로 met이 온다. 03 · 11 주어와 동사만으로 하나의 의미를
가지는 완전한 문장으로, 동사를 꾸며주는 부사 hard, brightly가 수식어로
온다. 05 목적어 자리에 대명사가 오는 경우 목적격으로 쓴다.
07 · 08 · 12 be동사나 become 뒤의 보어 자리에는 형용사가 온다.
09 be동사와 일반동사의 과거형이 나란히 올 수 없다. 10 speak가 '~을
말하다'라는 의미일 때 바로 뒤에 목적어가 온다.

Grammar Practice II
p. 10

A 01 great　　02 salty　　03 easily
　04 well　　05 us　　06 waited for
　07 quiet　　08 high　　09 you and me
　10 happy

B 01 They will become good pilots.
　　　주어　　　　동사　　　　보어
　(→ 그들은 훌륭한 조종사가 될 것이다.)

02 The dog often barks loudly at night.
　　　주어　　　　　　동사
　(→ 그 개는 밤에 종종 크게 짖는다.)

03 Jenny made a snowman last winter.
　　　주어　동사　　목적어
　(→ Jenny는 지난 겨울에 눈사람을 만들었다.)

04 The lemon tastes very sour.
　　　주어　　　동사　　　　보어
　(→ 그 레몬은 매우 신 맛이 난다.)

05 We learn Chinese at school.
　　주어 동사　목적어
　(→ 우리는 학교에서 중국어를 배운다.)

A 01 오늘 아침 해돋이는 정말 멋졌다.
　02 이 닭고기 수프는 짜다.
　03 Sam은 그의 우산을 쉽게 찾지 못했다.
　04 그녀는 피아노를 매우 잘 친다.
　05 그들은 주말에 항상 우리를 도와준다.
　06 나는 온종일 그를 기다렸다.
　07 갑자기, 교실이 조용해졌다.
　08 저 산들은 매우 높다.
　09 그는 너와 나를 절대 잊을 수 없을 것이다.
　10 그 학생들은 그 소식에 행복했다.

01 · 07 · 08 be동사나 became 뒤의 보어 자리에는 부사가 아닌 형용사가
온다. 02 · 10 감각동사 뒤의 보어 자리에는 형용사만 온다. 03 · 04 동사
find, plays를 꾸며주는 부사 easily, well이 온다. 05 · 09 목적어 자리에
대명사가 오는 경우 목적격으로 쓴다. 06 동사 wait 뒤에 목적어가 바로 올 수
없고 전치사 for를 쓴다.

B 주어는 보통 문장 맨 앞에 와서 '~은/는, ~이/가'로 해석된다. 동사는
주어의 동작이나 상태를 나타내는 말로, 보통 주어 뒤에 와서 '~이다,
~하다'로 해석된다. 보어는 동사 뒤에 와서 주어의 성질이나 상태 등을 보충
설명해주는데, 보어 자리에는 보통 명사나 형용사가 온다. 목적어는 동사 뒤에
와서 '~을/를, ~에게'로 해석된다.

Prep Writing
p. 11

A 01 cried, loudly　　02 feels, soft　　03 It, rained
　04 watched, was　　05 bought, became

B 01 Does this bicycle look very expensive?
　02 I am reading comic books in the room.
　03 My brother is always lucky.
　04 We visit him on the weekend.
　05 Jane ran to the library quickly.

A 01 「주어 + 동사」로 구성된 문장으로, 주어 뒤에 동사 cried를 쓰고 동사 뒤에
부사 loudly를 쓴다. 02 「주어 + 동사 + 보어」로 구성된 문장으로, 감각동사
feels 뒤의 보어 자리에는 형용사를 쓴다. 03 「주어 + 동사」로 구성된 문장으로,
날씨를 말할 때는 주어 자리에 비인칭 주어 It을 쓴다. 04 · 05 첫 번째 문장들은
「주어 + 동사 + 목적어」로 구성된 문장들로, 주어 뒤에 동사 watched,
bought를 쓴다. 두 번째 문장들은 「주어 + 동사 + 보어」로 구성된 문장들로,
동사 was, became 뒤의 보어 자리에 형용사 scary와 명사 my best friend를
쓴다.

B 01 · 03 「주어 + 동사 + 보어」로 구성된 문장으로, 감각동사나 be동사 뒤의 보어
자리에는 부사가 아니라 형용사가 온다. 02 · 04 「주어 + 동사 + 목적어」로
구성된 문장으로, 동사 바로 뒤에 목적어 comic books가 오고, 목적어 자리에
대명사가 오는 경우 목적격으로 쓴다. 05 「주어 + 동사」로 구성된 문장으로,
동사 ran 뒤에 목적어가 오려면 전치사 to를 쓴다.

Sentence Writing
p. 12

A
01 The sofa looked really comfortable.
02 We swam in the sea last summer.
03 Baseball is not my favorite sport.
04 She will ride her bike in the afternoon.

B
01 We will become middle school students next year.
02 The first train comes early in the morning.
03 Julie lost her bag on the subway.
04 She felt lonely at school today.
05 I didn't solve the question easily.

A 01·03 「주어＋동사＋보어」 순으로 쓴다. 형용사를 꾸며주는 부사 really는 형용사 앞에 쓴다. 02 「주어＋동사」 순으로 쓰고, 꾸며주는 수식어는 문장 맨 뒤에 쓴다. 장소를 나타내는 수식어와 시간을 나타내는 수식어가 같이 오는 경우 장소를 나타내는 수식어를 먼저 쓴다. 04 「주어＋동사＋목적어」 순으로 쓰고, 꾸며주는 수식어는 문장 맨 뒤에 쓴다.

B 01·04 「주어＋동사＋보어」 순으로 쓴다. 보어 자리에는 명사나 형용사가 올 수 있는데, 감각동사 뒤의 보어 자리에는 형용사만 온다. 02 「주어＋동사」 순으로 쓰고, 꾸며주는 수식어는 문장 맨 뒤에 쓴다. 03·05 「주어＋동사＋목적어」 순으로 쓰고, 꾸며주는 수식어는 문장 맨 뒤에 쓴다.

Self-Study
p. 13

A
01 happily 02 nice 03 the door quietly
04 us 05 angry

B
01 is, small, are, big 02 washed, looks, clean
03 know, him, works, hard

C
01 The strawberries smell very sweet.
02 The ugly frog became a handsome prince.
03 My father worked at the bank two years ago.
04 Mike did not (= didn't) finish his homework yesterday.

A
01 그는 지금 시골에서 행복하게 살고 있다.
02 그 점원은 우리에게 항상 친절하다.
03 그 소녀는 문을 조용히 닫았다.
04 우리 조부모님은 주말에 종종 우리를 방문하신다.
05 그녀의 목소리는 그때 매우 화가 난 것처럼 들렸다.

01 동사를 꾸며주는 부사 happily가 온다. 02 be동사 뒤의 보어 자리에는 형용사가 온다. 03 동사 바로 뒤에 목적어가 오고, 동사를 꾸며주는 부사 quietly는 맨 뒤에 온다. 04 목적어 자리에 대명사가 오는 경우 목적격으로 쓴다. 05 감각동사 뒤의 보어 자리에는 형용사만 온다.

B
01 주어를 보충 설명해주는 보어를 동사 is와 are 뒤에 쓴다. 02 첫 번째 문장은 목적어 his car 앞에 동사를 쓰고, 두 번째 문장은 감각동사 looks 뒤에 형용사 보어를 쓴다. 03 but 앞의 문장은 동사 뒤에 목적어를 써야 하는데, 목적어 자리에 대명사가 오는 경우 목적격으로 쓴다. but 뒤의 문장은 주어 뒤에 동사를 쓰고, 동사를 꾸며주는 부사는 동사 뒤에 쓴다.

C
01·02 「주어＋동사＋보어」 순으로 쓴다. 보어 자리에는 명사나 형용사가 올 수 있는데, 감각동사 뒤의 보어 자리에는 형용사만 온다. 03 「주어＋동사」 순으로 쓰고, 꾸며주는 수식어는 문장 맨 뒤에 쓴다. 04 「주어＋동사＋목적어」 순으로 쓰고, 꾸며주는 수식어는 문장 맨 뒤에 쓴다.

Unit 02 주어＋동사＋간접목적어＋직접목적어

Grammar Practice I
p. 15

A
01 me, interesting stories,
나의 할머니는 나에게 항상 재미있는 이야기를 해주신다.
02 our math teacher, many questions,
우리는 수학 선생님에게 많은 질문을 했다.
03 you, a model airplane,
그는 너에게 모형 비행기를 만들어줄 것이다.
04 me, a watch, 나의 아버지는 나에게 시계를 사주실 것이다.
05 her, a birthday present, 너는 그녀에게 생일 선물을 주었니?

B
01 me an apple 02 Jenny 03 them
04 my secret 05 to 06 spaghetti
07 for 08 to 09 of
10 bought 11 me

A 동사 뒤에 두 개의 목적어가 와서 「주어＋동사＋간접목적어＋직접목적어」로 구성된 문장으로, 두 개의 목적어 중에서 앞에 오는 간접목적어는 '～에게'로 해석하고, 뒤에 오는 직접목적어는 '～을/를'로 해석한다.

B
01 그녀는 어제 나에게 사과 하나를 주었다.
02 David는 Jenny에게 그의 공책을 빌려주었다.
03 우리는 그들에게 우리의 사진을 보여주었다.
04 나는 그녀에게 내 비밀을 말하지 않았다.
05 그는 부모님에게 편지를 썼다.
06 그녀의 어머니는 우리에게 스파게티를 만들어주셨다.
07 네 언니가 나에게 가방을 만들어주었다.
08 너는 그 아이들에게 영어를 가르쳤다.
09 그 소년은 나에게 어려운 질문을 했다.
10 그들은 그에게 휴대전화를 사주었다.
11 나에게 시간을 좀 줄 수 있니?

01 간접목적어 me 다음에 직접목적어 an apple이 온다. 02·04·06 간접목적어가 직접목적어 앞에 올 때 간접목적어나 직접목적어 앞에 전치사를 쓰지 않는다. 03 목적어 자리에 대명사가 오는 경우 목적격으로 쓴다. 05·07·08·09·10 직접목적어가 간접목적어 앞에 올 때 동사 write, teach는 간접목적어 앞에 전치사 to를, make, buy는 for를, ask는 of를 쓴다. 11 간접목적어가 직접목적어 앞에 올 때 간접목적어 앞에는 전치사를 쓰지 않고, 목적어 자리에 오는 대명사는 목적격으로 쓴다.

Grammar Practice II
p. 16

A
01 to me 02 to Brian 03 of her
04 for us 05 to him 06 to them
07 to us 08 for the children

B
01 My aunt made banana juice for us.
02 The company sent free samples to people.
03 The teacher asked an easy question of me.
04 Did Jason buy some roses for his mother?
05 They didn't lend their computer to us.

A 보기 그는 우리에게 약간의 무서운 이야기를 해주었다.
01 그녀는 나에게 도시락을 주었다.
02 나는 Brian에게 크리스마스 카드를 보냈다.
03 그는 그녀에게 내 주소를 물어보았다.
04 Paul은 우리에게 약간의 초콜릿을 사주었다.
05 우리는 그에게 약간의 돈을 빌려주었다.
06 너는 그들에게 새 휴대전화를 보여주었다.
07 나의 삼촌은 우리에게 역사를 가르치신다.
08 그들은 그 아이들에게 피자를 만들어주었다.

「주어 + 동사 + 간접목적어 + 직접목적어」인 문장은 간접목적어 앞에 전치사 to, for, of를 써서 직접목적어와 자리를 바꿀 수 있는데 **01 · 02 · 05 · 06 · 07** 동사 give, send, lend, show, teach는 간접목적어 앞에 전치사 to를 **03** ask는 of를 **04 · 08** buy, make는 for를 쓴다.

B 보기 그는 그녀에게 카드를 쓰지 않았다.
01 나의 이모는 우리에게 바나나 주스를 만들어주셨다.
02 그 회사는 사람들에게 무료 샘플을 보냈다.
03 그 선생님은 나에게 쉬운 질문을 했다.
04 Jason은 그의 어머니에게 장미꽃을 사드렸니?
05 그들은 우리에게 그들의 컴퓨터를 빌려주지 않았다.

「주어 + 동사 + 간접목적어 + 직접목적어」인 문장은 간접목적어 앞에 전치사를 써서 직접목적어와 자리를 바꿀 수 있는데, 간접목적어 앞에 쓰는 전치사는 동사에 따라 달라진다. **01 · 04** 동사 make, buy는 for를 **02 · 05** send, lend는 to를 **03** ask는 of를 쓴다.

Prep Writing
p. 17

A **01** gives, us   **02** told, to, you
03 make, for, you   **04** asked, of, me
05 lent, me, to

B **01** Can I ask a question of you?
02 My friend will give me a free ticket.
03 They bought some water and food for us.
04 My friend Susan always tells us lies.
05 A kind man showed the way to them.
06 She sent me some photos by email.

A **01** 「주어 + 동사 + 간접목적어 + 직접목적어」로 구성된 문장으로, 동사 gives 뒤에 간접목적어 us를 쓴다. **02 · 03 · 04** 「주어 + 동사 + 직접목적어 + 전치사 + 간접목적어」로 구성된 문장으로, 주어 뒤에 동사를 쓰고, 간접목적어 앞에 전치사를 쓴다. 동사 tell은 전치사 to를, make는 for를, ask는 of를 쓴다. **05** and 앞의 문장은 「주어 + 동사 + 간접목적어 + 직접목적어」로 구성된 문장으로, 동사 lent 뒤에 간접목적어 me를 쓴다. and 뒤의 문장은 「주어 + 동사 + 직접목적어 + 전치사 + 간접목적어」로 구성된 문장으로, 간접목적어 앞에 전치사 to를 쓴다.

B **01** 너에게 질문을 하나 해도 될까?
02 내 친구가 나에게 공짜 표를 줄 것이다.
03 그들은 우리에게 약간의 물과 음식을 사주었다.
04 내 친구 Susan은 우리에게 항상 거짓말을 한다.
05 한 친절한 사람이 그들에게 길을 알려주었다.
06 그녀는 나에게 몇 장의 사진을 이메일로 보내주었다.

01 · 03 · 05 「주어 + 동사 + 직접목적어 + 전치사 + 간접목적어」인 문장으로, 동사 ask는 간접목적어 앞에 전치사 of를, buy는 for를, show는 to를 쓴다. **02 · 06** 간접목적어가 직접목적어 앞에 올 때 직접목적어나 간접목적어 앞에 전치사를 쓰지 않는다. **04** 목적어 자리에 대명사가 오는 경우 목적격으로 쓴다.

Sentence Writing
p. 18

A **01** The Internet gives people very much information.
02 Kate will buy a tie for her father.
03 I asked his phone number of him.
04 He told your secret to me.

B **01** Mr. Smith teaches them tennis.
(= Mr. Smith teaches tennis to them.)
02 My grandmother made me a teddy bear.
(= My grandmother made a teddy bear for me.)

03 Who sent you this package?
(= Who sent this package to you?)
04 He asked her the same question.
(= He asked the same question of her.)
05 She didn't give us any help.
(= She didn't give any help to us.)

A **01** 「주어 + 동사 + 간접목적어 + 직접목적어」 순으로 쓴다. **02 · 03 · 04** 직접목적어가 간접목적어 앞에 오는 문장들로, 간접목적어 앞에 전치사 to, for, of를 써서 「주어 + 동사 + 직접목적어 + 전치사 + 간접목적어」 순으로 쓴다.

B 동사 뒤에 두 개의 목적어가 오는 문장들로 「주어 + 동사 + 간접목적어 + 직접목적어」 순으로 쓰거나 「주어 + 동사 + 직접목적어 + 전치사 + 간접목적어」 순으로 쓴다. 직접목적어를 간접목적어 앞에 쓸 때 **01 · 03 · 05** 동사 teach, send, give는 전치사 to를 **02** make는 for를 **04** ask는 of를 간접목적어 앞에 쓴다.

Self-Study
p. 19

A **01** him   **02** his friend a postcard   **03** for
04 to   **05** some bread

B **01** tell, them   **02** showed, to, us
03 bought, for, me

C **01** They brought the shop their old bike.
(= They brought their old bike to the shop.)
02 She wrote the singer a fan letter.
(= She wrote a fan letter to the singer.)
03 He made his grandson a kite.
(= He made a kite for his grandson.)
04 David asked me a stupid question.
(= David asked a stupid question of me.)

A **01** 그의 어머니는 그에게 맛있는 점심을 해주셨다.
02 James는 그의 친구에게 엽서를 보냈다.
03 나는 너에게 차가운 음료를 사줄 것이다.
04 나에게 5달러를 빌려줄 수 있니?
05 그 남자는 우리에게 약간의 빵을 주었다.

01 간접목적어 자리에 대명사가 오는 경우 목적격으로 쓴다. **02** 간접목적어 his friend 다음에 직접목적어 a postcard가 온다. **03 · 04** 직접목적어가 간접목적어 앞에 오는 문장에서 동사 buy는 간접목적어 앞에 전치사 for를, lend는 to를 쓴다. **05** 간접목적어가 직접목적어 앞에 올 때 간접목적어 앞에는 전치사를 쓰지 않는다.

B **01** 「주어 + 동사 + 간접목적어 + 직접목적어」로 구성된 문장으로, 동사 tell 뒤에 간접목적어 them을 쓴다. **02 · 03** 「주어 + 동사 + 직접목적어 + 전치사 + 간접목적어」로 구성된 문장으로, 동사 show는 간접목적어 앞에 전치사 to를, buy는 for를 쓴다.

C 동사 뒤에 두 개의 목적어가 오는 문장들로 「주어 + 동사 + 간접목적어 + 직접목적어」 순으로 쓰거나, 「주어 + 동사 + 직접목적어 + 전치사 + 간접목적어」 순으로 쓴다. 직접목적어를 간접목적어 앞에 쓸 때 **01 · 02** 동사 bring, write는 전치사 to를 **03** make는 for를 **04** ask는 of를 간접목적어 앞에 쓴다.

01 ④ 02 ① 03 ② 04 ⑤ 05 ① 06 ⑤ 07 ① 08 ①
09 ①, ③ 10 ② 11 ② 12 ② 13 ①
14 rained, was, wet 15 is, gives, us
16 She became a dentist three years ago.
17 He asked me my weight. (= He asked my weight of me.)
18 I gave my parents carnations.
(= I gave carnations to my parents.)
19 She made me a cake. (= She made a cake for me.)
20 He bought me a bike. (= He bought a bike for me.)

01 그 아기는 졸려 보이지 않는다.
감각동사 look 뒤의 보어 자리에는 형용사만 온다.

02 우리는 주말마다 삼촌을 방문한다.
목적어 자리에는 보통 명사나 대명사가 오는데 대명사가 오는 경우 목적격으로
써야 하므로, 여기서는 명사 our uncle이 올 수 있다.

03 내 친구는 나에게 약간의 꽃을 주었다/가져왔다/보여주었다/보내주었다.
간접목적어 앞에 전치사 to가 있으므로 빈칸에 동사 give, bring, show,
send는 들어갈 수 있지만, 전치사 for를 쓰는 동사 buy는 들어갈 수 없다.

04 나의 아버지는 은행에서/밤에/빠르게/열심히 일하신다.
주어와 동사만으로 하나의 의미를 가지는 완전한 문장으로, 빈칸에 동사를
꾸며주는 부사는 수식어로 올 수 있지만 형용사는 올 수 없다.

05 Susan은 아름답게 춤을 춘다. 그녀의 노래는 아름답게 들린다.
첫 번째 문장은 「주어 + 동사」로 구성된 문장으로, 빈칸에 동사를 꾸며주는 부사
beautifully가 오고, 두 번째 문장은 「주어 + 동사 + 보어」로 구성된 문장으로,
감각동사 뒤의 보어 자리에 형용사 beautiful이 온다.

06 그가 나에게 많은 조언을 주어서, 나는 그에게 푸짐한 점심을 사주었다.
직접목적어가 간접목적어 앞에 오는 경우 동사 give는 간접목적어 앞에 전치사
to를, buy는 for를 쓴다.

07 · 그 노인은 우리에게 무서운 이야기 하나를 해주었다.
· 그녀는 나에게 그녀의 옛 사진을 보여주었다.
· 너는 가끔 네 펜팔 친구에게 편지를 보내니?
직접목적어가 간접목적어 앞에 올 때 동사 tell, show, send는 간접목적어 앞에
전치사 to를 쓴다.

08 ① 이 샴푸는 냄새가 좋지 않다.
② 그는 소방관이 될 것이다.
③ Brian은 그의 컴퓨터를 쉽게 고쳤다.
④ 그녀는 아침에 일찍 일어난다.
⑤ 너에게 질문을 하나 해도 될까?
① smells badly → smells bad
감각동사 뒤의 보어 자리에는 형용사가 온다.

09 ① Smith 씨는 우리에게 수학을 가르친다.
② 그녀의 아기는 밤에 잠을 잘 잔다.
③ 나의 부모님은 그것을 매우 좋아하신다.
④ 바닷물은 짜다.
⑤ 그녀는 친구에게 편지를 썼다.
① math us → math to us 또는 us math ③ its → it

10 ① 우리는 그 나무에게 약간의 물을 주었다.
② 그는 나에게 생일 선물을 보내주었다.
③ 나는 그녀에게 약간의 샌드위치를 만들어주었다.
④ 너는 그녀에게 몇 가지 질문을 할 수 있다.
⑤ 그녀는 우리에게 항상 재미있는 이야기를 해준다.
① for the tree → to the tree ③ to her → for her ④ for her → of her
⑤ of us → to us

11 ② expensively → expensive
감각동사 looks 뒤의 보어 자리에는 형용사가 온다.

12 ② for → 삭제
간접목적어가 직접목적어 앞에 올 때는 간접목적어 앞에 전치사를 쓰지 않는다.

13 ① sadly → sad
be동사 뒤의 보어 자리에는 부사가 아니라 형용사가 온다.

14 so 앞의 문장은 「주어 + 동사」로 구성된 문장으로, 주어 뒤에 동사 rained를
쓴다. so 뒤의 문장은 「주어 + 동사 + 보어」로 구성된 문장으로, be동사 was
뒤의 보어 자리에 형용사 wet을 쓴다.

15 첫 번째 문장은 「주어 + 동사 + 보어」로 구성된 문장으로, 주어 뒤에 be동사
is를 쓴다. 두 번째 문장은 「주어 + 동사 + 간접목적어 + 직접목적어」로 구성된
문장으로, 동사 gives 뒤에 간접목적어 us를 쓴다.

16 「주어 + 동사 + 보어」 순으로 쓰는데, became 뒤의 보어 자리에는 명사 a
dentist를 쓴다.

17 동사 뒤에 두 개의 목적어가 오는 문장으로 「주어 + 동사 + 간접목적어 +
직접목적어」 순으로 쓰거나, 「주어 + 동사 + 직접목적어 + 전치사 + 간접목적어」
순으로 쓴다. 직접목적어를 간접목적어 앞에 쓸 때 동사 ask는 간접목적어 앞에
전치사 of를 쓴다.

18 Kate 너는 어버이날에 부모님께 무엇을 드렸니?
Me 나는 부모님께 카네이션을 드렸어.

19 Kate 너의 어머니는 네 생일에 무엇을 해주셨니?
Me 어머니는 나에게 케이크를 만들어주셨어.

20 Kate 너의 아버지는 네 생일에 무엇을 사주셨니?
Me 아버지는 나에게 자전거를 사주셨어.

18 · 19 · 20 동사 뒤에 두 개의 목적어가 오는 문장으로 「주어 + 동사 +
간접목적어 + 직접목적어」 순으로 쓰거나, 「주어 + 동사 + 직접목적어 + 전치사
+ 간접목적어」 순으로 쓴다. 직접목적어를 간접목적어 앞에 쓸 때 동사 give는
간접목적어 앞에 전치사 to를, make와 buy는 for를 쓴다.

Unit 03 단순 시제 (현재, 과거, 미래)

Grammar Practice I   p. 25

A
01 am	02 were	03 will be
04 slept	05 is	06 won
07 goes	08 is going to leave	09 has
10 didn't	11 was, is, will be	

B
01 turns	02 will visit (= are going to visit)	
03 doesn't open	04 invented	05 is
06 didn't buy	07 stopped	08 play
09 were	10 will not be (= is not going to be)	

A 01 나는 지금 피곤하다.
02 우리는 어제 바빴다.
03 너의 어머니는 곧 돌아오실 것이다.
04 그녀는 지난밤에 잠을 잘 잤다.
05 지구는 둥글다.
06 스페인은 2010년 월드컵에서 우승했다.
07 그는 보통 걸어서 학교에 간다.
08 나의 아버지는 내일 일본으로 떠나실 것이다.
09 일주일은 7일이다.
10 그들은 지난 주말에 TV를 보지 않았다.
11 어제는 화창했다. 오늘은 흐리다. 내일은 비가 올 것이다.

01 · 05 · 07 · 09 현재의 상태, 과학적 사실, 반복되는 동작이나 습관, 일반적 사실을 말할 때는 현재 시제를 쓴다. **02 · 04 · 06 · 10** yesterday, last, in 2010은 과거를 나타내는 표현으로 과거 시제와 함께 쓴다. 일반동사의 과거 부정문은 동사원형 앞에 didn't를 쓴다. **03 · 08** soon, tomorrow는 미래 시제와 함께 쓴다. 미래 시제는 동사원형 앞에 will이나 be going to를 쓴다. **11** Yesterday는 과거 시제, Today는 현재 시제, Tomorrow는 미래 시제와 함께 쓴다.

B 01 달은 지구의 주위를 돈다.
02 우리는 내일 그들을 방문할 것이다.
03 그 박물관은 월요일에 문을 열지 않는다.
04 Bell은 1876년에 전화기를 발명했다.
05 올해, 영어 선생님은 영국 출신이시다.
06 나의 삼촌은 작년에 차를 사지 않았다.
07 그 음악은 조금 전에 멈추었다.
08 요즘 그 학생들은 방과 후에 보통 축구를 한다.
09 그 고양이들은 한 시간 전에 정원에 있었다.
10 다음 주 금요일에 눈이 오지 않을 것이다.

01 · 03 · 05 · 08 과학적 사실, 현재의 사실이나 상태, 반복되는 동작은 현재 시제로 쓴다. 현재 시제에서 be동사는 주어에 따라 am/are/is를 쓰고, 일반동사는 주어가 1 · 2인칭이거나 복수일 때는 동사원형을 쓰고, 3인칭 단수일 때는 동사원형에 보통 -(e)s를 붙인다. 일반동사의 부정문은 주어가 3인칭 단수일 때 동사원형 앞에 doesn't를 쓴다. **02 · 10** tomorrow, next Friday는 미래 시제와 함께 쓴다. 미래 시제는 동사원형 앞에 will이나 be going to를 쓰는데, 부정문은 will이나 be동사 뒤에 not을 쓴다. **04 · 06 · 07 · 09** 역사적 사실을 말하거나 과거를 나타내는 표현인 last, ago가 있을 때는 과거 시제로 쓴다. 과거 시제에서 be동사는 주어에 따라 was/were를 쓰고, 일반동사는 동사원형에 보통 -ed를 붙인다. 일반동사의 과거 부정문은 동사원형 앞에 didn't를 쓴다.

Grammar Practice II   p. 26

A
01 is	02 will be (= is going to be)	
03 rises	04 held	05 was
06 have	07 Did	08 will
09 didn't	10 meet	

B 01 His father is not a police officer.
Is his father a police officer?
02 Mr. Brown will not teach English at school next year.
Will Mr. Brown teach English at school next year?
03 They didn't have a test last Monday.
Did they have a test last Monday?
04 Mike doesn't play the drum on the weekend.
Does Mike play the drum on the weekend?

A 01 런던은 영국의 수도다.
02 그는 내년에 중학생이 될 것이다.
03 태양은 동쪽에서 뜬다.
04 한국은 1988년에 올림픽을 개최했다.
05 내 여동생은 2년 전에는 뚱뚱했다.
06 우리는 이번 금요일에 파티를 열 것이다.
07 너는 지난밤에 늦게 돌아왔니?
08 그는 내일 일찍 일어나지 않을 것이다.
09 그들은 어제 서로 싸우지 않았다.
10 그녀는 오늘 밤 친구들을 만날 것이니?

01 · 03 일반적·과학적 사실이나 현재의 사실을 말할 때는 현재 시제를 쓴다. 현재 시제에서 be동사는 주어에 따라 am/are/is를 쓰고, 일반동사는 주어가 3인칭 단수일 때 동사원형에 보통 -(e)s를 붙인다. **02 · 06 · 08 · 10** next, this Friday, tomorrow, tonight은 미래 시제와 함께 쓴다. 미래 시제는 동사원형 앞에 will이나 be going to를 쓰는데, 부정문은 will 뒤에 not을 쓰고, 의문문에서 going to 뒤에는 동사원형이 온다. **04 · 05 · 07 · 09** in 1988, ago, last, yesterday는 과거 시제와 함께 쓴다. 과거 시제에서 hold는 과거형 held를 쓰고, be동사는 주어가 3인칭 단수일 때 was를 쓴다. 의문문은 주어 앞에 Did를 쓰고, 부정문은 동사원형 앞에 didn't를 쓴다.

B 01 그의 아버지는 경찰관이시다.
→ 그의 아버지는 경찰관이 아니시다.
→ 그의 아버지는 경찰관이시니?
02 Brown 씨는 내년에 학교에서 영어를 가르칠 것이다.
→ Brown 씨는 내년에 학교에서 영어를 가르치지 않을 것이다.
→ Brown 씨는 내년에 학교에서 영어를 가르칠 것이니?
03 그들은 지난 월요일에 시험을 보았다.
→ 그들은 지난 월요일에 시험을 보지 않았다.
→ 그들은 지난 월요일에 시험을 보았니?
04 Mike는 주말에 드럼을 친다.
→ Mike는 주말에 드럼을 치지 않는다.
→ Mike는 주말에 드럼을 치니?

01 현재 시제에서 be동사의 부정문은 be동사 뒤에 not을 쓰고, 의문문은 be동사와 주어의 위치를 바꾼다. **02** 미래 시제의 부정문은 will 뒤에 not을 쓰고, 의문문은 주어 앞에 Will을 쓴다. **03** 일반동사의 과거 부정문은 동사원형 앞에 did not (= didn't)를 쓰고, 의문문은 주어 앞에 Did를 쓰고, 주어 뒤에 동사원형을 쓴다. **04** 현재 시제에서 일반동사의 부정문은 주어가 3인칭 단수일 때 동사원형 앞에 does not (= doesn't)을 쓰고, 의문문은 주어 앞에 Does를 쓰고, 주어 뒤에 동사원형을 쓴다.

Prep Writing

p. 27

A 01 goes   02 are, going, be   03 has, eats
04 looks, Did, clean   05 met, won't, meet

B 01 He watches the news on TV.
02 They were at the amusement park.
03 She will go to the dentist.
04 They play baseball.
05 Edison invented the light bulb.
06 I am going to be an astronaut.

A 01 · 03 반복되는 동작이나 일반적 사실은 현재 시제를 쓰는데, 주어가 3인칭 단수이므로 goes, has, eats를 쓴다. 02 next는 미래 시제와 함께 쓰는데, 주어가 복수이므로 are going to를 쓰고 to 다음에 동사원형 be를 쓴다. 04 now는 현재 시제와 함께 쓰는데, 주어가 3인칭 단수이므로 looks를 쓴다. yesterday는 과거 시제와 함께 쓴다. 과거 시제에서 일반동사의 의문문은 주어 앞에 Did를 쓰고, 주어 뒤에 동사원형 clean을 쓴다. 05 yesterday는 과거 시제와 함께 쓰므로 meet의 과거형 met을 쓰고, '만나지 않을 것이다'는 미래 시제의 부정이므로 won't 뒤에 동사원형 meet을 쓴다.

B 01 A: 네 아버지는 저녁에 무엇을 하시니?
    B: 아버지는 TV로 뉴스를 보셔.
02 A: 그들은 지난 주말에 어디에 있었니?
    B: 그들은 놀이 공원에 있었어.
03 A: 그녀는 다음 월요일에 무엇을 할 것이니?
    B: 그녀는 치과에 갈 거야.
04 A: 네 친구들은 방과 후에 무엇을 하니?
    B: 그들은 야구를 해.
05 A: 누가 전구를 발명했니?
    B: Edison이 전구를 발명했어.
06 A: 너는 미래에 무엇이 될 것이니?
    B: 나는 우주 비행사가 될 거야.

01 · 04 반복되는 동작이나 습관을 묻고 있으므로 현재 시제로 대답한다. 주어가 3인칭 단수일 때는 동사원형에 -(e)s를 붙여 watches를 쓰고, 주어가 복수일 때는 동사원형 play를 쓴다. 02 · 05 과거의 상태나 역사적 사실을 묻고 있으므로 과거 시제로 대답한다. 과거 시제에서 주어가 복수일 때 be동사는 were를 쓰고, 일반동사는 동사원형에 -ed를 붙인 invented를 쓴다. 03 · 06 미래에 일어날 일을 묻고 있으므로 미래 시제로 대답한다. 미래 시제는 동사원형 앞에 will이나 be going to를 쓴다.

Sentence Writing

p. 28

A 01 Picasso drew this picture in 1937.
02 My sister always goes to bed at 10.
03 I will make a cake for you tomorrow.
04 Eight plus thirteen makes twenty-one.

B 01 We will be (= are going to be) on Jeju Island next week.
02 It was not humid last summer.
03 A rainbow has seven colors.
04 She usually takes a bath in the evening.
05 His grandfather died five years ago.

A 01 역사적 사실을 말하는 과거 시제 문장으로, 주어 Picasso 다음에 일반동사의 과거형 drew를 쓴다. 02 반복되는 동작을 말하는 현재 시제 문장으로, 주어 My sister 다음에 일반동사의 현재형 goes를 쓰는데, 빈도부사는 일반동사 앞에 쓴다. 03 미래에 일어날 일을 말하는 미래 시제 문장으로, 주어 I 다음에 will을 쓰고 그 뒤에 동사원형 make를 쓴다. 04 일반적 사실을 말하는 현재 시제 문장으로, 주어 Eight plus thirteen 다음에 일반동사의 현재형 makes를 쓴다.

B 01 미래에 일어날 일을 말할 때 미래 시제를 쓴다. 미래 시제는 동사원형 앞에 will이나 be going to를 쓰는데, 주어가 We이므로 will 또는 are going to를 쓴다. 02 · 05 과거의 상태나 일을 말할 때 과거 시제를 쓴다. 날씨를 표현할 때는 비인칭 주어 It이 주어 자리에 오므로 be동사의 과거형 was를 쓴다. 일반동사 die의 과거형은 died이다. 03 · 04 일반적인 사실이나 반복되는 동작을 말할 때 현재 시제를 쓰는데, 주어가 3인칭 단수이므로 일반동사의 3인칭 현재 단수형 has, takes를 쓴다. 빈도부사는 일반동사 앞에 쓴다.

Self-Study

p. 29

A 01 will learn   02 has   03 ended
04 Does   05 was, bring

B 01 was, isn't   02 are, going, go
03 lost, will, buy

C 01 You will (= are going to) have fun at the party.
02 Light is faster than sound.
03 My family ate out last Saturday.
04 My grandmother goes to church every Sunday.

A 01 Penny는 내년에 중국어를 배울 것이다.
02 일 년은 12달이다.
03 한국 전쟁은 1953년에 끝났다.
04 요즈음 기차는 항상 제시간에 도착하나요?
05 어제 비가 왔지만, 나는 우산을 가지고 오지 않았었다.

01 next는 미래 시제와 함께 쓰므로 동사원형 앞에 will을 쓴다. 02 · 04 일반적 사실, 현재의 동작이나 상태를 말할 때 현재 시제를 쓴다. 현재 시제에서 일반동사의 의문문은 주어가 3인칭 단수일 때 주어 앞에 Does를 쓴다. 03 · 05 역사적 사실을 말하거나 yesterday가 있으면 과거 시제를 쓴다. 주어가 3인칭 단수일 때 be동사의 과거형 was를 쓰고, 일반동사의 과거 부정문은 동사원형 앞에 didn't를 쓴다.

B 01 yesterday는 과거 시제와 함께 쓰는데, 주어가 3인칭 단수이므로 be동사의 과거형 was를 쓴다. now는 현재 시제와 함께 쓰는데, 주어가 3인칭 단수이므로 be동사의 부정문 isn't를 쓴다. 02 next는 미래 시제와 함께 쓰는데, 주어가 복수이므로 are going to 뒤에 동사원형 go를 쓴다. 03 yesterday는 과거 시제와 함께 쓰므로 lose의 과거형 lost를 쓰고, 두 번째 문장은 미래에 일어날 일을 말하는 미래 시제이므로 will 뒤에 동사원형 buy를 쓴다.

C 01 미래에 일어날 일을 말할 때 미래 시제를 쓴다. 미래 시제는 동사원형 앞에 will이나 be going to를 쓰는데, 주어가 You이므로 will 또는 are going to를 쓴다. 02 · 04 과학적 사실이나 반복되는 동작을 말할 때 현재 시제를 쓴다. 주어가 3인칭 단수일 때 be동사는 is를 쓰고, 일반동사 go는 3인칭 현재 단수형인 goes를 쓴다. 03 과거의 일을 말할 때 과거 시제를 쓰므로 eat의 과거형인 ate을 쓴다.

Grammar Practice I
p. 32

A 01 그들은 스페인에 가본 적이 없다. (경험)
02 그녀는 벌써 숙제를 끝마쳤다. (완료)
03 내 남동생은 뉴질랜드로 가버렸다. (결과)
04 나는 2010년 이후로 그를 알고 있다. (계속)
05 너는 무지개를 본 적이 있니? (경험)
06 2주 동안 계속 비가 오고 있다. (계속)

B 01 has, slept   02 has, not, read
03 have, lost   04 have, met
05 Have, eaten   06 has, been
07 has, gone   08 Has, left
09 has, worked   10 have, not, been

A 현재완료의 용법에는 01 · 05 과거부터 현재까지의 경험을 표현하여 '~한 적이 있다'로 해석되는 경험 02 과거부터 해 온 일을 지금 막 끝냈음을 표현하여 '지금 막 ~했다'로 해석되는 완료 03 과거에 한 일의 결과가 현재에도 영향을 미치는 것을 표현하여 '~해 버렸다'라고 해석되는 결과 04 · 06 과거에 시작된 일이 현재까지 계속되고 있음을 표현하여 '계속 ~해오고 있다'로 해석되는 계속이 있다.

B 01 그 아기는 2시간 동안 방에서 자고 있다.
02 그녀는 아직 그 책을 읽지 못했다.
03 나는 거리에서 내 강아지를 잃어버렸다.
04 우리는 그녀의 부모님을 만나본 적이 없다.
05 너는 인도 음식을 먹어본 적이 있니?
06 어젯밤 이후로 눈이 계속 오고 있다.
07 네 여동생은 도서관에 가버렸다.
08 부산으로 가는 첫 기차가 벌써 떠났나요?
09 나의 아버지는 그 은행에서 10년 동안 일하고 계신다.
10 그들은 작년 이후로 한국에 있지 않았다.

현재완료는 「have/has + 과거분사」의 형태로, 부정문은 have/has와 과거분사 사이에 not을 쓰고, 의문문은 주어 앞에 Have/Has를 쓰고, 주어 뒤에 과거분사를 쓴다. 규칙 동사의 과거분사는 동사원형에 -ed를 붙이는 과거형과 같고, 불규칙 동사는 일정한 규칙이 없이 변한다. sleep → slept, read → read, lose → lost, meet → met, eat → eaten, be → been, go → gone, leave → left

Grammar Practice II
p. 33

A 01 has   02 done   03 has played
04 Has   05 eaten   06 have been
07 haven't   08 written   09 bought
10 Have   11 was   12 Has, has

B 01 have lived   02 lived   03 was
04 has been   05 has not been   06 was not
07 has eaten   08 have lost   09 went
10 has used

A 01 그는 전에 중국어를 공부한 적이 있다.
02 David는 아직 그의 숙제를 하지 못했다.
03 그녀는 5시간 동안 계속 피아노를 치고 있다.
04 James는 그의 우산을 잃어버렸니?
05 너의 아버지는 벌써 아침을 드셨니?
06 우리는 지난 주말 이후로 계속 바빴다.
07 나는 아직 이를 닦지 않았다.
08 내 남동생은 나에게 편지를 쓴 적이 없다.
09 그들은 지난 금요일에 새 차를 샀다.
10 너는 그 소문을 들었니?
11 어제는 날씨가 덥고 화창했다.

12 네 여동생은 돈을 찾았니? 응, 찾았어.

01 주어가 3인칭 단수일 때 현재완료는 「has + 과거분사」를 쓴다. 02 · 05 · 08 has 뒤에는 과거분사가 온다. do, eat, write의 과거분사는 done, eaten, written이다. 03 주어가 3인칭 단수이므로 play는 올 수 없고, 과거의 일이 현재까지 계속되고 있음을 표현하는 현재완료를 쓴다. 04 · 10 주어 뒤에 과거분사가 오는 현재완료의 의문문으로 문장 맨 앞에 Has, Have가 온다. 06 since는 '~ 이후로'라는 의미로 현재완료와 함께 쓴다. 07 didn't 뒤에는 동사원형이 와야 하므로, 현재완료의 부정문인 haven't가 온다. 09 · 11 last, yesterday는 과거 시제와 함께 쓴다. 12 주어가 3인칭 단수인 현재완료의 의문문으로 Has로 시작하고, 대답은 Yes 다음에 「주어 + has」가 온다.

B 01 그들은 지난해 이후로 그 집에서 살고 있다.
02 그녀는 작년에 이 아파트에서 살았다.
03 그 의사는 어제 매우 바빴다.
04 그 간호사는 어제 이후로 계속 피곤했다.
05 Tony는 전에 중국에 가본 적이 없다.
06 그는 지난 월요일에 집에 없었다.
07 Jane은 전에 한국 음식을 두 번 먹어본 적이 있다.
08 우리는 개를 잃어버렸다. 우리는 지금 그것을 찾는 중이다.
09 나는 2년 전에 그 놀이 공원에 갔다.
10 내 남동생은 지난달 이후로 이 휴대전화를 쓰고 있다.

01 · 04 · 10 since는 '~ 이후로'라는 의미로 과거의 어느 시점 이후 계속되는 일을 표현할 때 쓰므로 빈칸에 현재완료를 쓴다. 02 · 03 · 06 · 09 last, yesterday, ago는 과거를 나타내는 표현으로 과거 시제와 함께 쓴다. 05 · 07 과거부터 현재까지의 경험을 표현하는 것으로 현재완료를 쓰는데, 주어가 3인칭 단수일 때 현재완료의 부정문은 has와 과거분사 사이에 not을 쓴다. 08 과거에 한 일의 결과가 현재에도 영향을 미치는 것을 표현하는 것으로 현재완료를 쓴다.

Grammar Practice III
p. 34

A 01 Have   02 has been   03 failed
04 seen   05 taught   06 was
07 have not listened   08 hasn't found   09 has worn
10 hasn't

B 01 He has not (= hasn't) arrived at the airport.
02 They have not (= haven't) eaten dinner.
03 I have not (= haven't) read his novel before.
04 Has Bill finished his homework?
05 Has Tommy gone to his uncle in China?
06 Have they met him two times before?

A 01 너는 벌써 숙제를 끝냈니?
02 그의 방은 지난 주말 이후로 지저분했다.
03 그는 작년에 입학 시험에서 떨어졌다.
04 너는 악어를 본 적이 있니?
05 Brown 씨는 2년 동안 우리에게 영어를 가르치고 있다.
06 그녀는 조금 전에 마당에 있었다.
07 나는 아직 그의 노래를 들어보지 못했다.
08 James는 아직 그의 신발을 찾지 못했다.
09 Ashley는 3년 전부터 안경을 쓰고 있다.
10 네 오빠는 돌아왔니? 아니, 돌아오지 않았어.

01 주어가 you인 현재완료의 의문문으로, 주어 앞에 Have를 쓴다. 02 · 09 since는 '~ 이후로'라는 의미로 since 뒤에는 과거, 앞에는 현재완료를 쓴다. 03 · 06 last, ago는 과거 시제와 함께 쓴다. 04 문장 맨 앞에 Have가 있는 현재완료의 의문문으로, 주어 뒤에는 과거분사 seen을 쓴다. 05 과거에 시작된 일이 현재까지 계속되고 있음을 나타내는 현재완료로, has 뒤에 과거분사 taught를 쓴다. 07 · 08 현재완료의 부정문은 have/has와 과거분사 사이에 not을 쓴다. 10 주어가 3인칭 단수인 현재완료의 의문문으로, 대답은 No 다음에 「주어 + hasn't」를 쓴다.

B 01 그는 공항에 도착했다. → 그는 공항에 도착하지 않았다.
02 그들은 저녁을 먹었다. → 그들은 저녁을 먹지 않았다.
03 나는 전에 그의 소설을 읽어본 적이 있다.
→ 나는 전에 그의 소설을 읽어본 적이 없다.
04 Bill은 그의 숙제를 끝냈다. → Bill은 그의 숙제를 끝냈니?
05 Tommy는 중국에 있는 그의 삼촌에게 가버렸다.
→ Tommy는 중국에 있는 그의 삼촌에게 가버렸니?
06 그들은 전에 그를 두 번 만난 적이 있다.
→ 그들은 전에 그를 두 번 만난 적이 있니?

01 · 02 · 03 현재완료의 부정문은 have/has와 과거분사 사이에 not을 쓴다.
04 · 05 · 06 현재완료의 의문문은 주어 앞에 Have/Has를 쓰고, 주어 뒤에
과거분사를 쓰며, 맨 뒤에 물음표를 붙인다.

Prep Writing
p. 35

A 01 has, drawn 02 have, never, been
03 have, not, found 04 has, lost
05 Have, thought, have

B 01 I have been to the supermarket.
02 I have taken pictures.
03 He has fixed my computer.
04 He has gone to New York.
05 They have lived in Seoul since 2007.
06 She has studied English for six years.

A 과거의 일이 현재까지 영향을 미치거나, 과거에 시작된 일이 현재까지 계속되고
있음을 나타내므로 현재완료를 쓴다. 01 · 04 주어가 3인칭 단수이므로
has 뒤에 draw, lose의 과거분사인 drawn, lost를 쓴다. 02 '결코 ~하지
않다'라는 의미의 never는 have와 과거분사 been 사이에 쓴다. 03 현재완료의
부정문은 have/has와 과거분사 사이에 not을 쓴다. 05 현재완료의 의문문은
주어가 you일 때, 주어 앞에 Have를 쓰고 주어 뒤에 think의 과거분사인
thought를 쓴다.

B 01 A: 너는 어디에 갔다 왔니?
B: 나는 슈퍼마켓에 갔다 왔어.
02 A: 너는 두 시간 동안 무엇을 했니?
B: 나는 사진을 찍었어.
03 A: 너의 아버지는 정오 이후로 무엇을 하셨니?
B: 내 컴퓨터를 수리하고 계셔.
04 A: Taylor 씨는 어디로 가버렸니?
B: 그는 뉴욕으로 가버렸어.
05 A: 그들은 얼마나 오랫동안 서울에서 살고 있니?
B: 그들은 2007년 이후로 서울에서 살고 있어.
06 A: 그녀는 얼마나 오랫동안 영어를 공부하고 있니?
B: 그녀는 6년 동안 영어를 공부하고 있어.

현재완료로 묻고 있으므로 현재완료로 대답한다. 현재완료는 「have/has +
과거분사」의 형태로, 주어가 3인칭 단수일 때는 has를 쓰고 그 외의 주어는
have를 쓴다. take의 과거분사는 taken이고, fix의 과거분사는 fixed이다.

Sentence Writing
p. 36

A 01 Our team has not finished the project yet.
02 Alice has lived in Turkey for 5 years.
03 Have you already borrowed his notebook?
04 We have been to the museum before.

B 01 The bus has just arrived at the bus stop.
02 They have never eaten sushi before.
03 My father has worked at the bank since two years ago.
04 Have you ever met a famous actor?
05 My friend has moved to Hong Kong.

A 01 현재완료의 부정문은 「주어 + have/has not + 과거분사」 순으로 쓴다.
02 · 04 과거의 일이 현재까지 영향을 미치거나, 과거에 시작된 일이 현재까지
계속되고 있음을 나타내므로 「주어 + have/has + 과거분사」를 쓴다.
03 현재완료의 의문문은 「Have/Has + 주어 + 과거분사 ~?」 순으로 쓴다.

B 과거의 일이 현재까지 영향을 미치거나, 과거에 시작된 일이 현재까지 계속되고
있음을 나타내므로 현재완료를 쓴다. 01 · 03 · 05 주어가 3인칭 단수이므로
has 뒤에 과거분사 arrived, worked, moved를 쓴다. '막'이란 의미의 just는
has와 과거분사 사이에 쓴다. 02 '결코 ~하지 않다'라는 의미의 never는
have와 과거분사 eaten 사이에 쓴다. 04 현재완료의 의문문은 주어가 you일
때, 주어 앞에 Have를 쓰고 주어 뒤에 과거분사 met을 쓴다. 경험을 말할 때
쓰는 ever는 과거분사 앞에 쓴다.

Self-Study
p. 37

A 01 has been 02 were 03 Have
04 taken 05 hasn't

B 01 has, bought 02 moved, have, lived
03 Have, played, haven't

C 01 Has she ever eaten Korean food?
02 The boy has lost his mother at the park.
03 The sun has not risen in the east yet.
04 My mother has sat on the sofa for two hours.

A 01 지난밤 이후로 춥고 눈이 오고 있다.
02 우리는 지난 주말에 콘서트에 있었다.
03 너는 전에 이 영화를 본 적이 있니?
04 네 여동생은 이미 시험을 치렀다.
05 그 소년은 아직 숙제를 끝마치지 못했다.

01 since는 '~ 이후로'라는 의미로 현재완료와 함께 쓴다. 02 last는 과거
시제와 함께 쓴다. 03 주어 뒤에 과거분사가 오는 현재완료의 의문문으로,
주어가 you이므로 주어 앞에 Have를 쓴다. 04 has 뒤에는 과거분사가
와야 하므로, take의 과거분사인 taken을 쓴다. 05 현재완료의 부정문으로
hasn't를 과거분사 앞에 쓴다.

B 01 주어가 3인칭 단수인 현재완료로 has 뒤에 과거분사 bought를 쓴다.
02 in 2002는 과거를 나타내는 표현으로 과거 시제와 함께 쓰고, since는
현재완료와 함께 쓴다. 03 주어가 you인 현재완료의 의문문으로, 주어 앞에
Have를 쓰고 주어 뒤에 과거분사 played를 쓴다. 대답은 No 뒤에 I haven't를
쓴다.

C 과거의 일이 현재까지 영향을 미치거나, 과거에 시작된 일이 현재까지 계속되고
있음을 나타내므로 현재완료를 쓴다. 01 주어가 3인칭 단수인 현재완료의
의문문으로 「Has + 주어 + 과거분사 ~?」 순으로 쓴다. ever는 과거분사 앞에
쓴다. 02 · 04 주어가 3인칭 단수이므로 「has + 과거분사」를 쓴다. 03 주어가
3인칭 단수인 현재완료의 부정문으로 「주어 + has not + 과거분사」 순으로
쓴다. '아직'이라는 의미의 yet은 문장 맨 뒤에 쓴다.

01 ④   02 ②   03 ⑤   04 ①   05 ①   06 ④   07 ③   08 ⑤
09 ③   10 ①   11 ①   12 ①   13 ⑤
14 was, gave   15 has, studied, will, pass
16 I won't (= am not going to) tell your secret.
17 Have you ever been to Africa?
18 It was Friday.
19 He went on a field trip last Monday.
20 He has studied math for three days. 또는 He has studied
    math since last Thursday.
21 He will clean the house tomorrow.
22 He has written an essay since last Tuesday.

01 그녀는 두 시간 전에 도서관에 갔다.
   ago는 과거 시제와 함께 쓰므로 go의 과거형 went가 온다.

02 우리는 잠자리에 들기 전에 항상 이를 닦는다.
   반복되는 동작이나 습관을 말할 때 현재 시제를 쓰는데, 주어가 복수이므로
   brush가 온다.

03 그는 어젯밤 이후로 병원에 있다.
   since는 '~ 이후로'라는 의미로 현재완료와 함께 쓰는데, 주어가 3인칭
   단수이므로 has been이 온다.

04 나는 내일 너에게 몇 가지 질문을 할 것이다.
   tomorrow는 미래 시제와 함께 쓰는데, 주어가 I이므로 동사원형 앞에 will이나
   am going to가 온다.

05 · 어제 눈이 왔다.
   · 지금 눈이 온다.
   · 어제 이후로 눈이 오고 있다.
   · 다음 주에 눈이 올 것이다.
   yesterday는 과거 시제, now는 현재 시제, since는 현재완료, next는 미래
   시제와 함께 쓴다.

06 · 너는 벌써 표를 샀니?
   · 그녀가 조금 전에 너에게 선물을 주었니?
   첫 번째 문장은 주어 뒤에 과거분사가 오는 현재완료의 의문문으로, 주어 you
   앞에 Have가 온다. 두 번째 문장은 ago가 있는 일반동사의 과거 의문문으로
   주어 앞에 Did가 온다.

07 그는 어제 자동차 열쇠를 잃어버렸다. 그는 여전히 키를 가지고 있지 않다.
   → 그는 자동차 열쇠를 잃어버렸다.
   과거에 한 일의 결과가 현재에도 영향을 미치는 것을 표현할 때 현재완료
   「have/has + 과거분사」를 쓴다. 주어가 3인칭 단수이므로 has를 쓰고, lose의
   과거분사 lost를 쓴다.

08 ① 너는 서울에서 산 적이 있니?
   ② 그는 어제 이후로 아프다.
   ③ 나는 내일 일찍 일어날 것이다.
   ④ 물은 98℃에서 끓지 않는다.
   ⑤ John은 지난 월요일에 너에게 이메일을 보냈다
   ⑤ has sent → sent
   last는 과거를 나타내는 표현으로 과거 시제와 함께 쓴다.

09 ① 그들은 아직 하마를 본 적이 없다.
   ② 그녀는 내일 돌아올 것이다.
   ③ 나의 이모는 2001년 이후로 돈을 저축하고 계신다.
   ④ 한국 전쟁은 1950년에 일어났다.
   ⑤ 그는 방과 후에 종종 야구를 한다.
   ③ saved → has saved
   since는 '~ 이후로'라는 의미로 현재완료와 함께 쓴다.

10 ① 나는 일주일 동안 바빴다. → 나는 일주일 동안 바쁘지 않았다.
   ② 그들은 영어를 공부했다. → 그들은 영어를 공부하지 않았다.
   ③ 그녀는 어제 아팠다. → 그녀는 어제 아프지 않았다.
   ④ 내 여동생은 설거지를 한다. → 네 여동생은 설거지를 하니?
   ⑤ 그는 전에 그 영화를 본 적이 있다.
     → 그는 전에 그 영화를 본 적이 있니?
   ② has not studied → didn't study   ③ didn't be → wasn't
   ④ sister the dishes → sister do the dishes   ⑤ watch → watched

11 ① kept → keeps
   반복되는 동작이나 습관을 말할 때 현재 시제를 쓰는데, 주어가 3인칭
   단수이므로 동사원형에 -(e)s를 붙인 keeps를 쓴다.

12 ① have → 삭제
   yesterday는 과거 시제와 함께 쓴다. send의 과거형은 sent이다.

13 ⑤ has gone to → has been to
   '가본 적이 있다'라는 경험을 표현할 때는 has been to를 쓴다.

14 yesterday는 과거 시제와 함께 쓴다. 과거 시제에서 주어가 3인칭 단수일 때
   be동사는 was를 쓰고, 일반동사 give는 과거형 gave를 쓴다.

15 과거에 시작된 일이 현재까지 계속되고 있을 때 현재완료를 쓰는데, 주어가
   3인칭 단수이므로 has 뒤에 과거분사 studied를 쓴다. soon은 미래 시제와
   함께 쓰므로 동사원형 pass 앞에 will을 쓴다.

16 미래에 일어날 일을 말하는 미래 시제의 부정문으로, will이나 be동사 뒤에
   not을 쓰고 그 뒤에 동사원형을 쓰는데, 주어가 I이므로 be동사는 am을 쓴다.

17 과거부터 현재까지의 경험을 표현하는 현재완료의 의문문으로, 주어가
   you이므로 주어 앞에 Have를 쓰고 주어 뒤에 과거분사를 쓴다. ever는
   과거분사 앞에 쓴다.

18 A: 어제는 무슨 요일이었니?   B: 금요일이었어.
   과거 시제로 물어보면 과거 시제로 대답한다.

19 A: Alex는 지난 월요일에 무엇을 했니?   B: 그는 현장학습을 갔어.
   과거에 한 일을 묻고 있으므로 과거 시제로 대답한다. go의 과거형은
   went이다.

20 A: Alex는 얼마나 오랫동안 수학을 공부했니?
   B: 그는 3일 동안 수학을 공부했어. 또는 그는 지난 목요일 이후로 수학을
      공부하고 있어.
   과거에 시작된 일이 현재까지 계속되고 있음을 표현하는 현재완료로 대답한다.
   주어가 3인칭 단수이므로 has 뒤에 studied를 쓰는데, '3일 동안'이라는
   의미의 for three days를 쓰거나 '지난 목요일 이후로'라는 의미의 since last
   Thursday를 쓸 수 있다.

21 A: Alex는 내일 무엇을 할 것이니?   B: 그는 내일 청소를 할 거야.
   미래에 일어날 일을 묻고 있으므로 미래 시제로 대답한다. 미래 시제는 will 뒤에
   동사원형을 쓴다.

22 A: Alex는 지난 화요일 이후로 무엇을 하고 있니?
   B: 그는 지난 화요일 이후로 에세이를 쓰고 있어.
   현재완료로 묻고 있으므로 현재완료로 대답한다. 주어가 3인칭 단수이므로 has
   뒤에 write의 과거분사 written을 쓴다.

Chapter 03 비교

Unit 05 비교급

Grammar Practice I
p. 43

A
01 faster 02 happier 03 warm
04 bigger 05 more 06 much
07 better 08 more interesting
09 than 10 fatter, fatter

B
01 smarter 02 hotter 03 worse
04 easier 05 higher 06 more
07 slower, slower 08 better, better
09 nicer 10 more, handsome
11 fast 12 more, famous

A
01 비행기는 버스보다 더 빠르다.
02 아이들은 어른들보다 더 행복하다.
03 오늘은 어제만큼 따뜻하다.
04 코끼리는 쥐보다 크다.
05 나는 너보다 숙제가 더 많다.
06 그의 신발은 나의 것보다 훨씬 더 더러웠다.
07 Harry가 George보다 춤을 더 잘 추었다.
08 그 책은 영화보다 더 재미있다.
09 나는 남동생보다 훨씬 더 일찍 일어났다.
10 그 고양이는 점점 더 뚱뚱해지고 있다.

01 · 02 · 04 · 05 · 07 · 08 두 대상을 비교할 때 than 앞에는 형용사나 부사의 비교급이 온다. fast는 뒤에 -er을 붙여 비교급을 만들고, happy는 y를 i로 바꾸고 -er을 붙이고, '단모음 + 단자음'인 big은 끝 자음을 한 번 더 쓰고 -er을 붙인다. 불규칙하게 변하는 단어인 many, good의 비교급은 more, better이고, 2음절 이상인 단어 interesting은 앞에 more를 써서 비교급을 만든다. 03 원급 비교로 as와 as 사이에 원급 warm이 온다. 06 비교급을 강조할 때 비교급 앞에 much를 쓴다. 09 비교급 뒤에는 than이 온다. 10 '점점 더 ~한'이라는 의미의 「비교급 + and + 비교급」 표현으로, '단모음 + 단자음'인 fat은 끝 자음을 한 번 더 쓰고 -er을 붙여 비교급을 만든다.

B
01 내 여동생은 나보다 훨씬 더 똑똑하다.
02 날씨가 지난 금요일보다 더 덥다.
03 그의 상태는 어제보다 더 나쁘다.
04 그의 질문은 그녀의 것보다 더 쉽다.
05 그 탑은 그 건물보다 더 높다.
06 그는 나보다 훨씬 더 많은 책을 가지고 있다.
07 그들은 점점 더 천천히 걷고 있다.
08 너의 영어는 점점 더 좋아지고 있다.
09 이 호텔은 저 호텔보다 더 좋다.
10 James는 너보다 더 잘생겼다.
11 그 선생님은 나의 아버지만큼 빨리 말한다.
12 그 배우는 점점 더 유명해지고 있다.

01 · 02 · 03 · 04 · 05 · 06 · 09 · 10 두 대상을 비교할 때 than 앞에 형용사나 부사의 비교급을 쓴다. 비교급은 대부분의 형용사나 부사 뒤에 -er을 붙이는데, '단모음 + 단자음'인 hot은 끝 자음을 한 번 더 쓰고 -er을 붙이고, -y로 끝나는 easy는 y를 i로 바꾸고 -er을 붙이고, -e로 끝나는 nice는 -r만 붙인다. 2음절 이상인 handsome은 앞에 more를 쓴다. 불규칙하게 변하는 단어인 bad, many의 비교급은 worse, more이다. 07 · 08 · 12 '점점 더 ~한'이라는 의미의 「비교급 + and + 비교급」 표현으로, and 앞 뒤에 비교급을 쓴다. good의 비교급은 better이고, 「비교급 + and + 비교급」 표현에서 앞에 more를 써서 비교급을 만드는 형용사는 「more and more + 형용사」로 쓴다. 11 비교하는 두 대상이 비슷하거나 같을 때 「as + 원급 + as」를 쓴다.

Grammar Practice II
p. 44

A
01 prettier 02 more comfortable
03 fatter and fatter 04 more free time
05 better 06 long
07 much 08 bigger
09 than 10 more and more interesting

B
01 bigger than
02 is smaller than
03 is heavier than the smartphone
04 is lighter than the computer
05 is more expensive than the smartphone
06 is cheaper than the computer

A
01 Julia는 그녀의 여동생보다 더 예쁘다.
02 이 소파는 나의 것보다 더 편안하다.
03 내 강아지는 점점 더 뚱뚱해지고 있다.
04 나는 남동생보다 자유 시간이 더 많다.
05 그의 영어 점수는 너의 점수보다 더 좋았다.
06 그 강은 한강만큼 길다.
07 이 차는 저 차보다 훨씬 더 빠르다.
08 그의 배낭은 너의 것보다 더 크다.
09 그 왕은 그 여왕보다 훨씬 더 현명하다.
10 그것은 점점 더 흥미로워지고 있다.

01 pretty의 비교급은 prettier이다. 02 comfortable의 비교급은 앞에 more를 쓴다. 03 '점점 더 ~한'이라는 의미의 「비교급 + and + 비교급」 표현으로 fatter and fatter를 쓴다. 04 · 05 than 앞에는 비교급이 오는데, much, good의 비교급은 more, better이다. 06 원급 비교로 as와 as 사이에 원급 long을 쓴다. 07 비교급을 강조할 때는 비교급 앞에 much를 쓴다. 08 '단모음 + 단자음'인 big의 비교급은 끝 자음을 한 번 더 쓰고 -er을 붙인다. 09 비교급 뒤에는 than을 쓴다. 10 「비교급 + and + 비교급」 표현에서 앞에 more를 써서 비교급을 만드는 형용사는 「more and more + 형용사」로 쓴다.

B
01 (크기) 컴퓨터는 휴대전화보다 더 크다.
02 (크기) 휴대전화는 컴퓨터보다 더 작다.
03 (무게) 컴퓨터는 휴대전화보다 더 무겁다.
04 (무게) 휴대전화는 컴퓨터보다 더 가볍다.
05 (가격) 컴퓨터는 휴대전화보다 더 비싸다.
06 (가격) 휴대전화는 컴퓨터보다 더 싸다.

컴퓨터와 휴대전화 두 대상을 비교하는 것으로 「비교급 + than」을 쓴다.

Prep Writing
p. 45

A
01 more, difficult, than 02 better, than
03 prettier, prettier 04 much, thinner, than
05 as, angry, as

B
01 Harry is heavier than Tom.
02 My sister is shorter than me.
03 The snake is longer than the ruler.
04 The tree is as high as the tower.
또는 The tower is as high as the tree.

A
01 · 02 · 04 두 대상을 비교할 때 「비교급 + than」을 쓰는데, difficult는 앞에 more를 써서 비교급을 만든다. good의 비교급은 better이고, '단모음 + 단자음'인 thin은 끝 자음을 한 번 더 쓰고 -er을 붙인다. 비교급을 강조할 때는 비교급 앞에 much를 쓴다. 03 '점점 더 ~한'은 「비교급 + and + 비교급」을 쓴다. 05 '~만큼 ...한'은 「as + 원급 + as」를 쓴다.

B 보기 그 모자는 10달러이다. 그 신발은 25달러이다.
→ 그 모자는 그 신발보다 더 싸다.

01 Tom은 55kg이다. Harry는 65kg이다.
→ Harry는 Tom보다 더 무겁다.
02 나는 165cm이다. 내 여동생은 150cm이다.
→ 내 여동생은 나보다 키가 더 작다.
03 그 자는 30cm이다. 그 뱀은 80cm이다.
→ 그 뱀은 그 자보다 더 길다.
04 그 나무는 50m이다. 그 탑은 50m이다.
→ 그 나무는 그 탑만큼 높다. 또는 그 탑은 그 나무만큼 높다.

01 · 02 · 03 주어진 단어를 사용하여 두 대상을 비교하는 「비교급 + than」의
한 문장으로 바꾸어 쓴다. 04 비교하는 두 대상이 서로 같으므로
「as + 원급 + as」를 사용하여 한 문장으로 바꾸어 쓴다.

Sentence Writing
p. 46

A 01 My mother gets up earlier than us.
02 Soccer is more popular than basketball.
03 His bike is much better than mine.
04 The scientist is as great as the inventor.

B 01 Emily is more diligent than Jane.
02 Diamond is much stronger than gold.
03 The weather is getting colder and colder.
04 Chinese is as important as English.
05 His math score is worse than his science score.

A 01 · 02 두 대상을 비교할 때 「비교급 + than」을 쓴다. popular는 2음절
이상인 단어로 앞에 more를 써서 비교급을 만든다. 03 비교급을 강조할
때는 비교급 앞에 much를 쓴다. 04 비교하는 두 대상이 비슷하거나 같을 때
「as + 원급 + as」를 쓴다.

B 01 · 05 두 대상을 비교할 때 「비교급 + than」을 쓰는데, 2음절 이상인 단어
diligent은 앞에 more를 써서 비교급을 만들고, 불규칙하게 변하는 단어인
bad의 비교급은 worse이다. 02 비교급을 강조할 때는 비교급 앞에 much를
쓴다. 03 '점점 더 ~한'은 「비교급 + and + 비교급」을 쓴다. 04 '~만큼 ...한'은
「as + 원급 + as」를 쓴다.

Self-Study
p. 47

A 01 more beautiful   02 bigger   03 handsome
04 dirtier   05 more and more

B 01 much, more, than   02 healthier, than
03 harder, than, as, as

C 01 A dolphin is more intelligent than a cat.
02 Your brother is much lazier than you.
03 The baby is as pretty as the doll.
04 His attitude is getting better and better.

A 01 장미는 카네이션보다 더 아름답다.
02 너의 집은 나의 집보다 훨씬 더 크다.
03 Ben은 Mark만큼 잘생겼다.
04 그의 양말은 바닥보다 더 더러웠다.
05 그 문제는 점점 더 심각해지고 있다.

01 · 02 · 04 두 대상을 비교할 때 than 앞에는 형용사나 부사의 비교급이 온다.
beautiful의 비교급은 more beautiful이고, big의 비교급은 끝 자음을 한 번
더 쓰고 -er을 붙이고, dirty의 비교급은 y를 i로 바꾸고 -er을 붙인다. 03 as와
as 사이에는 원급 handsome을 쓴다. 05 「비교급 + and + 비교급」 표현으로,
앞에 more를 써서 비교급을 만드는 형용사는 「more and more + 형용사」로
쓴다.

B 01 · 02 두 대상을 비교할 때 「비교급 + than」을 쓰는데, many의 비교급은
more이고, healthy의 비교급은 healthier이다. 비교급을 강조할 때는 비교급
앞에 much를 쓴다. 03 두 대상을 비교할 때는 「비교급 + than」을 쓰고,
비교하는 두 대상이 같을 때는 「as + 원급 + as」를 쓴다.

C 01 두 대상을 비교할 때 「비교급 + than」을 쓰는데, intelligent는 2음절
이상인 단어로 앞에 more를 써서 비교급을 만든다. 02 비교급을 강조할 때는
비교급 앞에 much를 쓴다. -y로 끝나는 lazy는 y를 i로 바꾸고 -er을 붙여서
비교급을 만든다. 03 '~만큼 ...한'은 「as + 원급 + as」를 쓴다. 04 '점점 더
~한'은 「비교급 + and + 비교급」을 쓴다.

Unit 06 최상급

Grammar Practice I
p. 49

A 01 greatest   02 better   03 longest
04 most interesting   05 biggest   06 worse
07 prettiest   08 more   09 coldest
10 animals

B 01 best   02 highest   03 busiest
04 hottest   05 fastest   06 youngest
07 wisest   08 better   09 worst
10 most   11 more   12 most, expensive

A 01 그는 한국에서 가장 위대한 소설가였다.
02 장미는 백합보다 향기가 더 좋다.
03 세계에서 가장 긴 강은 무엇이니?
04 그것은 모든 책 중에서 가장 재미있는 책이다.
05 러시아는 세계에서 가장 큰 나라다.
06 너는 Paul보다 운전을 더 못한다.
07 그녀는 중국에서 가장 예쁜 여배우 중의 한 명이다.
08 이 차는 저 차보다 더 인기가 있다.
09 오늘은 이번 달 중에서 가장 추운 날이다.
10 타조는 가장 빠른 동물 중의 하나다.

01 · 03 · 04 · 05 · 09 「the + 최상급 + in/of」는 '가장 ~한'이라는 의미의
최상급 표현으로, 최상급은 대부분의 형용사나 부사 뒤에 -est를 붙인다. 2음절
이상인 단어 interesting의 최상급은 앞에 most를 쓰고, '단자음 + 단모음'인
big은 끝 자음을 한 번 더 쓰고 -est를 붙인다. 02 · 06 · 08 두 대상을 비교할
때 「비교급 + than」을 쓴다. good, bad의 비교급은 better, worse이고,
2음절 이상인 단어 popular는 앞에 more를 쓴다. 07 · 10 「one of
the + 최상급 + 복수명사」는, '가장 ~한 ...중의 하나'라는 의미의 최상급
표현으로, the 뒤에는 최상급이 오고 최상급 뒤에는 복수명사가 온다.

B 01 Harry는 그 팀에서 최고의 선수다.
02 에베레스트 산은 세계에서 가장 높은 산이다.
03 서울은 한국에서 가장 바쁜 도시다.
04 8월은 일 년 중 가장 더운 달이다.
05 치타는 모든 동물 중에서 가장 빠르다.
06 Bill은 그의 가족 중에서 가장 어린 아들이다.
07 Solomon은 가장 현명한 왕 중의 한 명이다.
08 그 수프는 샐러드보다 더 맛있다.
09 그것은 내 인생에서 최악의 영화 중의 하나다.
10 Ted는 내 친구 중에서 가장 많은 책을 읽었다.
11 내 남동생은 나보다 더 많은 돈을 쓴다.
12 이것은 그 가게에서 가장 비싼 시계다.

01 · 02 · 03 · 04 · 05 · 06 · 10 · 12 「the + 최상급 + in/of」인 최상급
표현으로, the 뒤에 최상급을 쓴다. 최상급은 대부분의 형용사나 부사 뒤에
-est를 붙이는데, 불규칙하게 변하는 단어인 good, many의 최상급은 best,
most이고, 2음절 이상인 단어 expensive는 앞에 most를 쓴다. 07 · 09
「one of the + 최상급 + 복수명사」인 최상급 표현으로, the 뒤에 최상급을
쓴다. bad의 최상급은 worst이다. 08 · 11 than 앞에 비교급을 쓴다. good,
much의 비교급은 better, more이다.

A
01 fattest　02 most　03 the coldest
04 the most famous　05 prettiest　06 best
07 days　08 hotter　09 worst
10 most wonderful　11 oldest

B
01 longer, than, the, longest
02 heavier, than, the, heaviest
03 more, difficult, than, the, most, difficult
04 hotter, than, the, hottest

A　01 그것은 그의 농장에서 가장 뚱뚱한 돼지다.
02 야구는 한국에서 가장 인기 있는 스포츠다.
03 겨울은 모든 계절 중에서 가장 춥다.
04 그녀는 그 나라에서 가장 유명한 가수다.
05 Jenny는 나의 반 친구 중에서 가장 예쁜 소녀다.
06 그는 세계에서 최고의 축구 선수다.
07 어린이날은 일 년 중 가장 기쁜 날 중의 하나다.
08 오늘은 어제보다 훨씬 더 덥다.
09 Tom은 그의 반에서 가장 나쁜 점수 중의 하나를 받았다.
10 그 해변은 영국에서 가장 멋진 곳이다.
11 나는 세계에서 가장 오래된 책 중의 하나를 가지고 있다.

01 '단자음 + 단모음'인 fat의 최상급은 fattest이고 02 · 10 2음절 이상인 단어 popular, wonderful의 최상급은 앞에 most를 쓰고 03 · 04 최상급 앞에는 the를 쓴다. 05 -y로 끝나는 단어 pretty의 최상급은 y를 i로 바꾸고 -est를 붙이고 06 good의 최상급은 best이다. 07 · 09 · 11 「one of the + 최상급 + 복수명사」인 최상급 표현으로, 최상급 뒤에는 복수명사 days를 쓴다. bad의 최상급은 worst, old의 최상급은 oldest이다. 08 than 앞에는 비교급 hotter를 쓴다.

B　01 · 라인 강은 한강보다 더 길다.
　　 · 나일 강은 가장 긴 강이다.
02 · 그 말은 그 닭보다 더 무겁다.
　　 · 그 코끼리는 가장 무거운 동물이다.
03 · 과학은 영어보다 더 어렵다.
　　 · 수학은 가장 어려운 과목이다.
04 · 봄은 겨울보다 더 덥다.
　　 · 여름은 가장 더운 계절이다.

두 대상을 비교할 때는 「비교급 + than」을 쓰고, 세 가지 이상을 비교하여 정도가 가장 높은 것을 나타낼 때는 「the + 최상급」을 쓴다.

A
01 the, smallest, country　02 the, most, beautiful
03 the, busiest, day　04 the, tallest, people
05 the, best

B
01 the heaviest　02 is the lightest
03 is the tallest　04 is the shortest
05 is the most expensive　06 is the cheapest

A　01 · 02 · 03 · 05 세 가지 이상을 비교하여 정도가 가장 높은 것을 나타낼 때는 「the + 최상급」을 쓰는데, 2음절 이상인 단어 beautiful의 최상급은 앞에 most를 쓰고, busy는 y를 i로 바꾸고 -est를 붙인다. good의 최상급은 best이다. 04 「one of the + 최상급 + 복수명사」인 최상급 표현으로, 최상급 뒤에 복수명사 people을 쓴다.

B　01 (무게) 강아지는 가장 무거운 반려동물이다.
02 (무게) 앵무새는 가장 가벼운 반려동물이다.
03 (키) 강아지는 가장 키가 큰 반려동물이다.
04 (키) 거북이는 가장 키가 작은 반려동물이다.
05 (가격) 강아지는 가장 비싼 반려동물이다.
06 (가격) 앵무새는 가장 싼 반려동물이다.

세 가지 이상을 비교하여 정도가 가장 높은 것을 나타낼 때는 「the + 최상급」을 쓴다. 01 강아지가 가장 무거우므로 the heaviest 02 앵무새가 가장 가벼우므로 the lightest 03 강아지의 키가 가장 크므로 the tallest 04 거북이의 키가 가장 작으므로 the shortest 05 강아지가 가장 비싸므로 the most expensive 06 앵무새가 가장 싸므로 the cheapest를 쓴다.

A
01 Mr. Green is the best writer in the world.
02 The museum is the oldest of all the buildings.
03 He is the most handsome boy in my class.
04 Beijing is one of the biggest cities in China.

B
01 What is the most dangerous animal in the jungle?
02 James is the bravest firefighter at the fire station.
03 It is one of the fastest cars in the world.
04 Justine is one of the thinnest girls in her class.
05 Yesterday was the worst day of my life.

A　01 · 02 · 03 세 가지 이상을 비교하여 정도가 가장 높은 것을 나타낼 때 「the + 최상급 + in/of」를 쓴다. 04 '가장 ~한 …중의 하나'는 「one of the + 최상급 + 복수명사」를 쓴다.

B　01 · 02 · 05 세 가지 이상을 비교하여 정도가 가장 높은 것을 나타낼 때 「the + 최상급 + in/of」를 쓴다. 2음절 이상인 단어 dangerous의 최상급은 앞에 most를 쓰고, -e로 끝나는 brave는 뒤에 -st만 붙인다. bad의 최상급은 worst이다. 03 · 04 '가장 ~한 …중의 하나'는 「one of the + 최상급 + 복수명사」를 쓰는데, 최상급 뒤에는 복수명사 cars와 girls를 쓴다.

A
01 saddest　02 mountains　03 most exciting
04 easier　05 best

B
01 the, most, interesting　02 the, coldest, month
03 the, longest, rivers

C
01 Math is the most difficult of all subjects.
02 It was the worst accident in the world.
03 Today was the busiest day of my life.
04 Edison was one of the greatest scientists in history.

A　01 이것은 그 극장에서 가장 슬픈 영화다.
02 그것은 우리나라에서 가장 높은 산 중의 하나다.
03 스키는 모든 스포츠 중에서 가장 흥미진진하다.
04 영어는 일본어보다 훨씬 더 쉽다.
05 Susan은 그 그룹에서 최고의 무용수다.

01 · 03 · 05 「the + 최상급 + in/of」는 '가장 ~한'이라는 의미의 최상급 표현으로, the 뒤에 최상급 saddest, most exciting, best를 쓴다. 02 「one of the + 최상급 + 복수명사」인 최상급 표현으로, 최상급 뒤에 복수명사 mountains를 쓴다. 04 than 앞에는 비교급을 쓴다.

B　01 · 02 세 가지 이상을 비교하여 정도가 가장 높은 것을 나타낼 때 「the + 최상급」을 쓰는데, 2음절 이상인 단어 interesting의 최상급은 앞에 most를 쓴다. 03 「one of the + 최상급 + 복수명사」인 최상급 표현으로, 최상급 뒤에 복수명사 rivers를 쓴다.

C　01 · 02 · 03 세 가지 이상을 비교하여 정도가 가장 높은 것을 나타낼 때 「the + 최상급 + in/of」를 쓴다. 2음절 이상인 단어 difficult의 최상급은 앞에 most를 쓰고, bad의 최상급은 worst이고, busy의 최상급은 y를 i로 바꾸고 뒤에 -est를 붙인다. 04 '가장 ~한 …중의 하나'는 「one of the + 최상급 + 복수명사」를 쓴다.

Actual Test

pp. 54-56

01 ③ 02 ① 03 ④ 04 ⑤ 05 ② 06 ③ 07 ④ 08 ①
09 ④ 10 ③ 11 ③ 12 ⑤ 13 ①
14 Your question is much more difficult than his.
15 I got the best score of all the students.
16 My teacher is as funny as a comedian.
17 Fiji is one of the most beautiful islands in the world.
18 Russia is much bigger than Australia.
19 younger, than 20 as, tall, as 21 much, taller
22 the, youngest 23 the, tallest

01 내 여동생은 John보다 키가 훨씬 더 크다.
than 앞에는 형용사나 부사의 비교급이 온다.

02 그는 세계에서 최고의 배우다.
「the + 최상급 + in/of」인 최상급 표현으로, 빈칸에는 good의 최상급인 best가 온다.

03 그 피자는 그 스파게티만큼 맛있다/좋다/맛없다/훌륭하다.
비교하는 두 대상이 비슷하거나 같을 때 「as + 원급 + as」를 쓰는데, as와 as 사이에 최상급 worst는 들어갈 수 없다.

04 점점 더 어두워진다/추워진다/더워진다/따뜻해진다.
'점점 더 ~한'이라는 의미의 「비교급 + and + 비교급」 표현에서 앞에 more를 써서 비교급을 만드는 형용사는 「more and more + 형용사」로 쓰므로 more and more famous라고 써야 한다.

05 A: 영어 시험은 어땠니?
B: 그것은 수학 시험보다 훨씬 더 쉬웠어.
비교급을 강조할 때는 비교급 앞에 much를 쓴다.

06 A: 그 그림은 아주 비싸다.
B: 그것은 세계에서 가장 비싼 그림 중의 하나이다.
「one of the + 최상급 + 복수명사」는 '가장 ~한 ...중의 하나'라는 의미의 최상급 표현으로, the 뒤에 expensive의 최상급 most expensive가 오고, 최상급 뒤에는 복수명사 paintings가 온다.

07 · 날씨가 어제보다 나쁘다.
· 그녀는 우리 반에서 가장 총명한 학생이다.
· Sam은 그의 아버지만큼 강하다.
than 앞에는 형용사나 부사의 비교급이 오고, '가장 ~한'이라는 의미의 최상급 표현에서 the 다음에는 최상급이 온다. 비교하는 두 대상이 비슷하거나 같을 때는 as와 as 사이에 형용사나 부사의 원급이 온다.

08 · 그녀는 그보다 더 많은 숙제를 내준다.
· David는 Tom보다 더 많은 장난감을 가지고 있다.
· 이 의자는 저 의자보다 더 편안하다.
than 앞에는 형용사나 부사의 비교급이 오고, much, many의 비교급은 more이고, 2음절 이상인 단어 comfortable의 비교급은 앞에 more를 쓴다. 따라서 공통으로 들어갈 수 있는 것은 more이다.

09 ① 한국어는 영어보다 더 어렵다.
② 그는 한국에서 가장 유명한 사람이다.
③ 그 고양이는 내 강아지만큼 귀엽다.
④ 그것은 너의 것보다 훨씬 더 좋다.
⑤ 에베레스트 산은 세계에서 가장 높은 산 중의 하나다.
① most difficult → more difficult ② the more famous → the most famous ③ as cuter as → as cute as ⑤ the highest mountain → the highest mountains

10 ① Susan은 Kate만큼 예쁘다.
② 그것은 점점 더 나빠지고 있다.
③ Mike는 너보다 노래를 잘 부른다.
④ 1월은 일 년 중 가장 추운 달이다.

⑤ 그는 세계에서 가장 영향력 있는 사람 중의 한 사람이다.
③ best → better
than 앞에 비교급 better를 쓴다.

11 ③ most → much
비교급을 강조할 때는 비교급 앞에 much를 쓴다.

12 ⑤ boy → boys
「one of the + 최상급 + 복수명사」인 최상급 표현으로, 최상급 뒤에는 복수명사 boys를 쓴다.

13 ② many → much ③ many → more ④ as happier as → as happy as
⑤ place → places

14 than 앞에는 형용사나 부사의 비교급이 오는데, 2음절 이상인 단어 difficult의 비교급은 앞에 more를 쓴다.

15 「the + 최상급 + in/of」인 최상급 표현으로, 최상급 best 앞에 the를 쓴다.

16 '~만큼 ...한'은 「as + 원급 + as」를 쓴다.

17 '가장 ~한 ...중의 하나'는 「one of the + 최상급 + 복수명사」를 쓴다.

18 두 대상을 비교할 때 「비교급 + than」을 쓰고, 비교급을 강조할 때는 비교급 앞에 much를 쓴다.

19 (나이) Susan은 Kate보다 더 어리다.
Susan은 Kate보다 나이가 더 어리므로 younger than을 쓴다.

20 (키) Kate는 Susan만큼 키가 크다.
Kate와 Susan은 키가 같으므로 「as + 원급 + as」를 쓴다.

21 (키) Robert는 James보다 키가 훨씬 더 크다.
Robert와 James의 키를 비교하고 있으므로 「비교급 + than」을 쓰는데, 비교급을 강조하는 much는 비교급 taller 앞에 쓴다.

22 (나이) James는 모든 학생 중에서 가장 어리다.

23 (키) Robert는 그 클럽에서 가장 키가 큰 학생이다.
22 · 23 세 가지 이상을 비교하여 정도가 가장 높은 것을 나타내므로 「the + 최상급」을 쓰는데, James는 나이가 가장 어리므로 the youngest를 쓰고, Robert는 키가 가장 크므로 the tallest를 쓴다.

Chapter 04 문장의 종류

Unit 07 There is/are 구문

Grammar Practice I
p. 59

A
01 is	02 are	03 is
04 are	05 is	06 is not
07 aren't	08 Are	09 paper
10 fish	11 isn't	12 an umbrella
13 Is, is	14 many parrots, there	

B
01 there is	02 there are	03 there isn't
04 there aren't	05 there isn't	06 there are
07 there is	08 there aren't	

A
01 우리에 호랑이가 한 마리가 있다.
02 바닥에 몇 개의 동전이 있다.
03 양동이에 약간의 물이 있다.
04 벽에 많은 그림이 있다.
05 서랍에 약간의 돈이 있다.
06 병에 잼이 전혀 없다.
07 정원에 장미꽃이 전혀 없다.
08 교실에 몇 명의 학생들이 있나요?
09 선반에 약간의 종이가 있나요?
10 호수에 약간의 물고기가 있나요?
11 그것에 대한 정보가 전혀 없다.
12 문 앞에 우산이 하나 있나요?
13 이 근처에 병원이 있나요? 네, 있어요.
14 동물원에 많은 앵무새가 있나요? 아니요, 그렇지 않아요.

01 · 03 · 05 뒤에 단수명사나 셀 수 없는 명사가 오면 There is를 쓰고 02 · 04 복수명사가 오면 There are를 쓴다. 06 There is의 부정문은 be동사 is 뒤에 not을 쓴다. 07 · 11 부정문에서 뒤에 복수명사(roses)가 오면 There aren't를 쓰고, 셀 수 없는 명사(information)가 오면 There isn't를 쓴다. 08 의문문에서 뒤에 복수명사(students)가 오면 Are there를 쓴다. 09 · 10 · 12 Is there 뒤에는 셀 수 없는 명사(paper)나 단수명사(an umbrella)가 오고, Are there 뒤에는 복수명사(fish)가 온다. 13 의문문에서 뒤에 단수명사(a hospital)가 오면 Is there를 쓰고, 대답은 Yes 뒤에 there is를 쓴다. 14 Are there 뒤에는 복수명사(parrots)가 오고, 대답은 No 뒤에 there aren't를 쓴다.

B
01 네 방에 컴퓨터가 있니? 응, 있어.
02 서울에는 많은 식당이 있니? 응, 있어.
03 냄비에 수프가 조금 있니? 아니, 없어.
04 농장에 말 여섯 마리가 있니? 아니, 없어.
05 컵에 약간의 주스가 있니? 아니, 없어.
06 공원에 많은 사람들이 있니? 응, 있어.
07 바구니에 오렌지가 한 개 있니? 응, 있어.
08 토요일에 수업이 있니? 아니, 없어.

There is/are의 의문문에 대한 대답은 Yes/No로 하는데 01 · 03 · 05 · 07 Is there ~?로 물으면, Yes 뒤에는 there is, No 뒤에는 there isn't를 쓴다. 02 · 04 · 06 · 08 Are there ~?로 물으면, Yes 뒤에는 there are, No 뒤에는 there aren't를 쓴다.

Grammar Practice II
p. 60

A
01 There are	02 Is	03 There is
04 is not	05 isn't	06 aren't
07 Are	08 isn't	09 there
10 there aren't		

B
01 There are not (= aren't) a lot of people at the movie theater.
02 There is not (= isn't) a car in the parking lot.
03 There is not (= isn't) any sugar in her coffee.
04 Is there an old castle in the town?
05 Are there five pairs of socks in the drawer?
06 Is there any water on the floor?

A
01 일 년은 365일이다.
02 침실에 램프가 하나 있니?
03 냉장고에 약간의 아이스크림이 있다.
04 병에 물이 전혀 없다.
05 지붕 위에 눈이 없다.
06 하늘에 많은 별이 없다.
07 그 도시에는 많은 박물관이 있니?
08 프린터에 종이가 전혀 없다.
09 네 주머니에 돈이 좀 있니? 응, 있어.
10 일주일은 6일이니? 아니, 그렇지 않아.

01 · 03 뒤에 복수명사(days)가 오면 There are를, 셀 수 없는 명사(ice cream)가 오면 There is를 쓴다. 02 · 07 의문문에서 뒤에 단수명사(a lamp)가 오면 Is there를 쓰고, 복수명사(museums)가 오면 Are there를 쓴다. 04 There is의 부정문은 be동사 is 뒤에 not을 쓴다. 05 · 06 · 08 부정문에서 뒤에 셀 수 없는 명사(snow, paper)가 오면 There isn't를 쓰고, 복수명사(stars)가 오면 There aren't를 쓴다. 09 · 10 Is there ~?로 물으면, Yes 뒤에 there is를 쓰고, Are there ~?로 물으면, No 뒤에 there aren't를 쓴다.

B
01 그 영화관에는 많은 사람들이 있다.
→ 그 영화관에는 많은 사람들이 없다.
02 주차장에 차가 한 대 있다. → 주차장에 차가 없다.
03 그녀의 커피에 약간의 설탕이 들어 있다.
→ 그녀의 커피에 설탕이 전혀 들어 있지 않다.
04 그 마을에 오래된 성이 하나 있다.
→ 그 마을에 오래된 성이 하나 있니?
05 서랍에 양말 다섯 켤레가 있다. → 서랍에 양말 다섯 켤레가 있니?
06 바닥에 약간의 물이 있다. → 바닥에 약간의 물이 있니?

01 · 02 · 03 There is/are의 부정문은 be동사 is/are 뒤에 not을 쓰고 04 · 05 · 06 There is/are의 의문문은 be동사 is/are와 there의 위치를 바꾸고, 맨 뒤에 물음표를 붙이는데, 의문문에서는 some 대신 any를 쓴다.

Prep Writing
p. 61

A
01 There, are	02 Are, there	03 There, isn't
04 There, is	05 Is, there, isn't	

B
01 There is a world map on the wall.
02 There are a lot of mountains in the country.
03 There is some lemonade in the glass.
04 There isn't an umbrella in his hand.
05 There aren't many vegetables in the yard.

A
01 · 04 '~이 있다'는 There is/are를 쓰는데, 뒤에 복수명사(monkeys)가 오면 There are를, 단수명사(a post office)가 오면 There is를 쓴다. 02 · 05 '~이 있니?'는 Is/Are there ~?를 쓰는데, 뒤에 복수명사(players)가 오면 Are there ~?를, 셀 수 없는 명사(chocolate)가 오면 Is there ~?를 쓴다. 대답은 Is there ~?로 물으면, No 뒤에 there isn't를 쓴다. 03 '~이 없다'는 There isn't/aren't를 쓰는데, 뒤에 셀 수 없는 명사(information)가 오면 There isn't를 쓴다.

B
보기 교실에 쥐가 한 마리 있다.
01 벽에 세계 지도가 있다.
02 그 나라에는 많은 산이 있다.

03 컵에 약간의 레모네이드가 있다.
04 그의 손에는 우산이 없다.
05 마당에는 채소들이 많이 없다.

'~이 있다'는 There is/are로, '~이 없다'는 There isn't/aren't로 바꾸어 쓸 수 있다. 단수명사나 셀 수 없는 명사 앞에는 There is/isn't를 쓰고, 복수명사 앞에는 There are/aren't를 쓴다.

Sentence Writing
p. 62

A 01 There are a lot of sheep on his farm.
   02 There is some orange juice in the refrigerator.
   03 Is there a math class on Wednesday?
   04 There are not any young people in the village.

B 01 There are 12 months in a year.
   02 There isn't any water on the moon.
   03 There is a letter for you.
   04 Are there any people in the museum?
   05 Is there a subway station near here?

A 01 There are 뒤에 주어인 a lot of sheep을 쓴다. 02 There is 뒤에 주어인 some orange juice를 쓴다. 03 There is의 의문문으로 Is there 뒤에 주어인 a math class를 쓴다. 04 There are의 부정문으로 are 뒤에 not을 쓰고, 그 뒤에 주어인 any young people을 쓴다.

B 01 · 03 '~이 있다'는 There is/are를 쓴다. There are 뒤에는 복수명사, There is 뒤에는 단수명사를 쓴다. 02 There is/are의 부정문으로 「There is/are + not + 주어」 순으로 쓰는데, 주어가 셀 수 없는 명사이므로 There is 뒤에 not을 쓴다. 04 · 05 There is/are의 의문문으로 「Is/Are + there + 주어 ~?」 순으로 쓴다. 주어가 복수명사이면 Are there ~?를, 주어가 단수명사이면 Is there ~?를 쓴다.

Self-Study
p. 63

A 01 There is   02 Is there   03 some bees
   04 aren't   05 Are, there are

B 01 There, are, not   02 There, is
   03 Are, there, aren't

C 01 There is not (= isn't) any bread in the bakery.
   02 There are five churches in the city.
   03 There is a mistake in your writing.
   04 Are there five children in the living room?
      Yes, there are.

A 01 바다에는 많은 소금이 있다.
   02 아침에 부산으로 가는 기차가 있나요?
   03 꽃 위에 몇 마리의 벌들이 있다.
   04 이번 달에는 시험이 전혀 없다.
   05 그 집에는 다섯 개의 방이 있니? 응, 그래.

   01 뒤에 셀 수 없는 명사(salt)가 오므로 There is를 쓴다. 02 뒤에 단수명사(a train)가 오므로 Is there를 쓴다. 03 There are 뒤에는 복수명사를 쓴다. 04 뒤에 복수명사(tests)가 오므로 There aren't를 쓴다. 05 뒤에 복수명사 (rooms)가 오므로 Are there ~?를 쓰고, 대답은 Yes 뒤에 there are를 쓴다.

B 01 '~이 없다'는 There is/are 뒤에 not을 쓰는데, 뒤에 복수명사(spiders)가 오므로 There are 뒤에 not을 쓴다. 02 '~이 있다'는 There is/are를 쓰는데, 뒤에 셀 수 없는 명사(sugar)가 오므로 There is를 쓴다. 03 '~이 있니?'는 Is/Are there ~?를 쓰는데, 뒤에 복수명사(guests)가 오므로 Are there ~?를 쓰고, 대답은 No 뒤에 there aren't를 쓴다.

C 01 There is/are의 부정문으로 「There is/are + not + 주어」 순으로 쓴다. 주어가 셀 수 없는 명사(bread)이므로 There is 뒤에 not을 쓴다. 02 · 03 '~이 있다'는 There is/are를 쓰는데, 주어가 복수명사일 때는 There are를 쓰고, 주어가 단수명사일 때는 There is를 쓴다. 04 There is/are의 의문문으로 「Is/Are + there + 주어 ~?」 순으로 쓴다. 주어가 복수명사(children)이므로 Are there ~?를 쓰고, 대답은 Yes 뒤에 there are를 쓴다.

Grammar Practice I
p. 65

A	01 Go	02 Be	03 Let's
	04 Don't	05 go	06 Make
	07 not	08 Don't	09 close
	10 Don't be	11 Please lend	12 don't

B	01 Wash	02 Don't worry	03 be
	04 drink	05 Hurry	06 not cross
	07 Turn	08 Don't be	09 not go
	10 Don't play		

A 01 오늘 밤 일찍 잠자리에 들어라.
02 조심해라. 트럭이 오고 있다.
03 약간의 과일과 야채를 사자.
04 도서관에서는 떠들지 말아라.
05 날씨가 좋구나. 산책하러 가자.
06 우리에게 스파게티를 좀 만들어주세요.
07 패스트푸드를 먹지 말자.
08 그 아기를 깨우지 말아라.
09 창문을 좀 닫아주세요.
10 그 소식에 놀라지 말아라.
11 나에게 네 공책을 좀 빌려줘.
12 Kate, 네 우산을 가져오지 말아라.

01 · 02 · 06 · 09 · 11 긍정 명령문은 동사원형으로 시작하는데, 명령문 앞이나 뒤에 please를 붙이면 공손한 표현이 된다. **03 · 05 · 07** 권유 명령문으로 Let's 뒤에 동사원형을 쓰고, 부정은 Let's 뒤에 not을 쓴다. **04 · 08 · 10** 부정 명령문으로 동사원형 앞에 don't를 쓴다. **12** 뒤에 콤마(,)가 있는 Kate는 주어가 아니라 이름을 부르는 호격으로, 뒤의 문장은 부정 명령문이다. 부정 명령문은 동사원형 앞에 don't를 쓴다.

B 01 식사하기 전에 손을 씻으세요.
02 그것에 대해 걱정하지 말아라. 내가 너를 도와줄 것이다.
03 네 여동생에게 잘해줘.
04 매우 덥다. 차가운 것을 좀 마시자.
05 우리는 시간이 많지 않다. 서둘러라.
06 빨간 불에서는 길을 건너지 말자.
07 전등을 꺼라. 우리는 에너지를 절약해야 한다.
08 늦지 말아라. 그 기차는 제시간에 떠날 것이다.
09 하이킹을 가지 말자. 비가 올 것이다.
10 길거리에서 농구를 하지 말아라. 그것은 매우 위험하다.

01 · 03 · 05 · 07 내용상 '~해라'라는 긍정 명령문으로 빈칸에 동사원형을 쓴다. **02 · 08 · 10** 내용상 '~하지 말아라'라는 부정 명령문으로 빈칸에 Don't를 쓰고 그 뒤에 동사원형을 쓴다. **04** 내용상 '~하자'라는 권유 명령문으로 Let's 뒤에 동사원형을 쓴다. **06 · 09** 내용상 '~하지 말자'라는 권유 명령문의 부정으로 Let's 뒤에 not을 쓰고, 그 뒤에 동사원형을 쓴다.

Grammar Practice II
p. 66

A	01 What	02 How	03 What
	04 How	05 What	06 good ideas
	07 brave	08 happy	09 the weather is
	10 How		

B 01 What an exciting sport baseball is!
02 How cheap the vegetables are!
03 What big eyes she has!
04 What useful information it is!
05 How beautifully the actress dances!

A 01 Smith 씨는 참 다정한 선생님이구나!
02 하늘이 참 아름답구나!
03 그들은 정말 예쁜 드레스를 입고 있구나!
04 네 아버지는 정말 조심스럽게 운전을 하시는구나!
05 초콜릿은 정말 달콤하구나!
06 그것들은 정말 좋은 생각이구나!
07 그 군인들은 정말 용감하구나!
08 그는 참 행복한 사람이구나!
09 날씨가 정말 춥구나!
10 정말 놀랍구나!

01 · 03 · 05 뒤에 「(a/an) + 형용사 + 명사 + 주어 + 동사!」 순으로 오므로 앞에 What을 쓴다. **02 · 04 · 10** 뒤에 「형용사/부사 + (주어 + 동사)!」 순으로 오므로 앞에 How를 쓴다. **06** 주어가 복수(they)이므로 복수명사 ideas를 쓴다. **07** 동사가 be동사이므로 형용사 brave를 쓴다. **08** What으로 시작하는 감탄문에서 명사 앞에는 형용사를 쓴다. **09** How로 시작하는 감탄문은 「How + 형용사/부사 + 주어 + 동사!」의 어순이다.

B [보기] 네 남동생은 매우 정직하다. → 네 남동생은 참 정직하구나!
01 야구는 매우 흥미진진한 스포츠다.
　→ 야구는 정말 흥미진진한 스포츠구나!
02 그 야채들은 매우 싸다. → 그 야채들은 정말 싸구나!
03 그녀는 눈이 매우 크다. → 그녀는 정말 눈이 크구나!
04 그것은 매우 유용한 정보이다. → 그것은 참 유용한 정보구나!
05 그 여배우는 매우 아름답게 춤을 춘다.
　→ 그 여배우는 참 아름답게 춤을 추는구나!

01 · 03 · 04 문장에 명사가 있어서 명사를 강조하는 감탄문은 「What + a/an + 형용사 + 명사 + 주어 + 동사!」 순으로 쓴다. 명사가 복수이거나 셀 수 없는 명사일 때는 a/an 없이 「What + 형용사 + 명사 + 주어 + 동사!」 순으로 쓴다. **02 · 05** 문장에 명사가 없는 형용사나 부사를 강조하는 감탄문은 「How + 형용사/부사 + 주어 + 동사!」 순으로 쓴다.

Prep Writing
p. 67

A	01 Don't, be	02 Lend
	03 Let's, not, go, stay	04 How, lucky
	05 What, a, great	

B 01 <u>Look</u> at the picture on the wall.
02 Let's <u>not</u> tell her the secret.
03 <u>What</u> lazy people they are!
04 <u>Don't</u> be angry.
05 What a <u>strange</u> hat she wears!
06 <u>How</u> hard Mike studies!

A 01 '~하지 말아라'는 부정 명령문으로 Don't를 동사원형 be 앞에 쓴다. 02 명령문 뒤에 please를 붙인 공손한 표현으로 동사원형 Lend를 쓴다. 03 '~하지 말자'는 권유 명령문의 부정으로 Let's 뒤에 not을 쓰고, 그 뒤에 동사원형 go를 쓴다. '~하자'는 권유 명령문으로 Let's 뒤에 동사원형 stay를 쓴다. 04 '참 ~하구나'는 감탄문으로 문장에 명사가 없으므로 How로 시작하고, 뒤에 형용사 lucky를 쓴다. 05 '정말 ~하구나'는 감탄문으로 문장에 명사가 있으므로 What으로 시작하고, 명사 inventor 앞에 a great을 쓴다.

B 01 명령문은 동사원형으로 시작하므로 동사원형 Look을 쓴다. 02 '~하지 말자'는 권유 명령문의 부정으로 Let's 뒤에 not을 쓴다. 03 명사 people이 있으므로 How가 아닌 What을 쓴다. 04 '~하지 말아라'는 부정 명령문으로 be동사의 동사원형인 be 앞에 Don't를 쓴다. 05 What으로 시작하는 감탄문에서 명사 앞에는 형용사를 쓴다. 06 명사가 없는 감탄문으로, What이 아닌 How를 쓴다.

A 01 Let's make pizza for the children.
    02 Don't put on your shoes in the room.
    03 What a lovely puppy she has!
    04 Brush your teeth three times a day.

B 01 Don't forget your promise.
    02 Be diligent all the time.
    03 Let's not speak Korean in English class.
    04 What delicious sandwiches they are!
    05 How loudly the baby cries!

A 01 권유 명령문으로 Let's를 동사원형 make 앞에 쓴다. 02 부정 명령문으로 동사원형 put on 앞에 Don't를 쓴다. 03 What으로 시작하는 감탄문으로 「What + a/an + 형용사 + 명사 + 주어 + 동사!」 순으로 쓴다. 04 명령문으로 동사원형 Brush로 문장을 시작한다.

B 01 '~하지 말아라'는 부정 명령문으로 동사원형 forget 앞에 Don't를 쓴다. 02 '~해라'는 명령문으로 동사원형으로 시작하는데, 뒤에 형용사 diligent가 오므로 be동사의 동사원형인 Be로 문장을 시작한다. 03 '~하지 말자'는 권유 명령문의 부정으로 Let's 뒤에 not을 쓰고, 그 뒤에 동사원형 speak를 쓴다. 04 What으로 시작하는 감탄문으로 「What + a/an + 형용사 + 명사 + 주어 + 동사!」 순으로 쓰는데, 명사가 복수이므로 「What + 형용사 + 명사 + 주어 + 동사!」 순으로 쓴다. 05 How로 시작하는 감탄문으로 「How + 형용사/부사 + 주어 + 동사!」 순으로 쓴다.

A 01 Don't   02 ride   03 How
    04 bring   05 helpful advice

B 01 come, Let's, have   02 What, a, bad
    03 Don't, be

C 01 How early your mother gets up!
    02 Let's not waste time.
    03 Don't put your key in your pocket.
    04 Drink eight glasses of water a day.

A 01 밤에 혼자 나가지 말아라.
    02 이번 주말에 자전거를 타자.
    03 그 캥거루는 정말 높이 뛰는구나!
    04 나에게 약간의 종이를 좀 가져다 주세요.
    05 그것은 정말 도움이 되는 충고구나!

01 부정 명령문으로 동사원형 앞에 Don't를 쓴다. 02 권유 명령문으로 Let's 뒤에 동사원형 ride를 쓴다. 03 뒤에 「형용사/부사 + 주어 + 동사!」의 순으로 오므로 How를 쓴다. 04 명령문 앞에 Please를 붙인 공손한 표현으로, Please 뒤에 동사원형 bring을 쓴다. 05 What으로 시작하는 감탄문으로, advice가 셀 수 없는 명사이므로 What 뒤에 a를 쓰지 않는다.

B 01 명령문 앞에 Please를 붙인 공손한 표현으로, Please 뒤에 동사원형 come을 쓴다. '~하자'는 권유 명령문으로 Let's 뒤에 동사원형 have를 쓴다. 02 '정말 ~하구나'는 감탄문으로 문장에 명사가 있으므로 What으로 시작하고, 명사 smell 앞에 a bad를 쓴다. 03 '~하지 말아라'는 부정 명령문으로 Don't를 동사원형 be 앞에 쓴다.

C 01 How로 시작하는 감탄문으로 「How + 형용사/부사 + 주어 + 동사!」 순으로 쓴다. 02 '~하지 말자'는 권유 명령문의 부정으로 Let's 뒤에 not을 쓰고, 그 뒤에 동사원형 waste를 쓴다. 03 '~하지 말아라'는 부정 명령문으로 동사원형 put 앞에 Don't를 쓴다. 04 '~해라'는 명령문으로 동사원형 Drink로 문장을 시작한다.

01 ⑤   02 ②   03 ⑤   04 ①   05 ③   06 ③   07 ①   08 ⑤
09 ①   10 ①, ⑤   11 ⑤   12 ④   13 ⑤   14 ②, ④
15 Are there any coins in the piggy bank? Yes, there are.
16 What surprising news it is!
17 Don't use your cellphone in class.
18 How creative his idea is!
19 There is, There isn't, There are
20 There are, There is, There isn't
21 Is there, there is, Are there, there aren't, Is there, there isn't

01 그의 배낭 안에는 크레용이 전혀 없다.
There aren't 뒤에는 셀 수 있는 명사의 복수형이 온다.

02 그녀는 정말 사랑스러운 소녀구나!
What으로 시작하는 감탄문에서 명사 앞에는 명사를 꾸며주는 형용사가 온다.

03 냉장고에 사과 하나가/치즈가 조금/많은 우유가/멜론 하나가 있니?
Is there 뒤에는 단수명사나 셀 수 없는 명사가 와야 하므로, 복수명사 oranges는 올 수 없다.

04 TV를 켜지 말아라/켜자/켜주세요/켜지 말자.
부정 명령문으로 Don't, 권유 명령문으로 Let's, 명령문의 공손한 표현으로 Please, 권유 명령문의 부정으로 Let's not이 빈칸에 들어갈 수 있지만, Let's don't는 잘못된 표현이다.

05 정말 멋진 날씨구나!/비싼 가방이구나!/신선한 주스구나!/추운 날이구나!
What으로 시작하는 감탄문으로, 주어가 단수(it)이므로 복수명사 cool glasses는 올 수 없다.

06 · 그 농장에는 많은 거위가 있다.
· 책상 위에 많은 종이가 있다.
· 컵에 물이 전혀 없다.
There is/are 구문에서 복수명사 geese 앞에는 There are가 오고, 셀 수 없는 명사 paper 앞에는 There is가 온다. 부정문에서 셀 수 없는 명사 water 앞에는 There isn't가 온다.

07 · 그 여우는 정말 조용히 움직이는구나!
· 그녀는 정말 다리가 길구나!
첫 번째 문장은 뒤에 「부사 + 주어 + 동사!」가 오는 How로 시작하는 감탄문이고, 두 번째 문장은 뒤에 「형용사 + 복수명사 + 주어 + 동사!」가 오는 What으로 시작하는 감탄문이다.

08 A: 너희의 정원에는 튤립이 있니? B: 응, 있어.
Are there ~?로 물으면, 대답은 Yes 뒤에 there are를 쓴다.

09 ① 그것들은 정말 작은 쥐들이구나!
② 밖에서 놀지 말자.
③ 내 안경에 손대지 말아라.
④ David는 참 천천히 걷는구나!
⑤ 그 호수에는 물고기가 전혀 없다.
① a small mice → small mice
주어가 they이므로 앞에 a/an을 쓰지 않는다.

10 ① 신문을 읽으세요.
② 그것들은 정말 지루한 수업이구나!
③ 나에게 질문을 하지 말아라.
④ 방과 후에 숙제를 해라.
⑤ 오늘 숙제가 좀 있니?
① to read → read   ⑤ Are there → Is there

11 ① Amy는 매우 똑똑한 소녀이다. → Amy는 정말 똑똑한 소녀구나!
② 네 컴퓨터는 매우 빠르다. → 네 컴퓨터는 정말 빠르구나!
③ 너는 귀가 매우 길다. → 너는 정말 귀가 길구나!
④ 그 아기는 잠을 매우 잘 잔다. → 그 아기는 정말 잠을 잘 자는구나!
⑤ 그것은 매우 달콤한 아이스크림이다.
→ 그것은 정말 달콤한 아이스크림이구나!
⑤ How sweet → What sweet
문장에 명사(ice cream)가 있으므로 What으로 시작한다.

12 ④ wakes → wake
Let's not 뒤에는 동사원형이 오므로 wake를 쓴다.

13 ⑤ is → are
뒤에 복수명사 two eggs가 있으므로 There are를 쓴다.

14 ② doesn't → don't ④ Let's not → Don't
둘 다 부정 명령문으로 동사원형 앞에 Don't를 쓴다.

15 돼지 저금통에 동전이 조금 있니? 응, 있어.
뒤에 복수명사 coins가 있으므로 Are there를 쓰고, 대답은 Yes 뒤에 there are를 쓴다.

16 그것은 정말 놀라운 소식이구나!
What으로 시작하는 감탄문에서 명사(news) 앞에는 부사가 아니라 형용사가 온다.

17 '~하지 말아라'는 부정 명령문으로 Don't를 동사원형 use 앞에 쓴다.

18 How로 시작하는 감탄문으로 「How + 형용사/부사 + 주어 + 동사!」 순으로 쓴다.

19 냉장고에 약간의 우유가 있다. 빵은 전혀 없다. 많은 양파가 있다.
뒤에 셀 수 없는 명사 milk, bread가 오면 There is를 쓰는데, 부정문은 There isn't를 쓴다. 뒤에 복수명사 onions가 오면 There are를 쓴다.

20 벽에 그림 두 개가 있다. 벽시계 한 개가 있다. 달력은 없다.
뒤에 복수명사 pictures가 오면 There are를 쓴다. 뒤에 단수명사 a clock, a calendar가 오면 There is를 쓰는데, 부정문은 There isn't를 쓴다.

21 A: 가방 안에 돈이 조금 있니? B: 응, 있어.
A: 가방 안에 약간의 책이 있니? B: 아니, 없어.
A: 가방 안에 휴대전화가 있니? B: 아니, 없어.
There is/are의 의문문에서 뒤에 셀 수 없는 명사 money나 단수명사 a cellphone이 오면 Is there ~?를 쓴다. 대답은 Yes 뒤에 there is를 쓰고, No 뒤에 there isn't를 쓴다. 뒤에 복수명사 books가 오면 Are there ~?를 쓰고, 대답은 No 뒤에 there aren't를 쓴다.

Chapter 05 전치사

Unit 09 장소를 나타내는 전치사

Grammar Practice I
p. 75

A	01 on	02 near	03 in
	04 at	05 between	06 in front of
	07 behind	08 next to	09 between
	10 under	11 across from	12 over

B	01 at	02 in	03 at	04 on
	05 in	06 on	07 in	08 at
	09 on	10 in		

A 01 우리는 벤치에 앉았다.
02 네 학교는 도서관 근처에 있니?
03 그 우유를 냉장고에 넣어주세요.
04 너는 모퉁이에서 우회전해야 한다.
05 나는 탁자를 두 개의 의자 사이에 놓았다.
06 그 차는 우리 집 앞에서 멈추었다.
07 커튼 뒤에 있는 저것은 무엇이니?
08 그 카페는 서점 옆에 있다.
09 그 박물관은 극장과 은행 사이에 있다.
10 그 고양이는 침대 아래에서 잠을 자고 있다.
11 소방서는 경찰서 맞은편에 있다.
12 새 한 마리가 나무 위를 날고 있다.

01 표면에 접촉한 상태의 '~ 위에'는 on 02 '~ 근처에'는 near 03 용기 등의 내부의 '~ 안에'는 in 04 비교적 좁은 장소나 지점 앞에는 at 05 복수명사 앞의 '~ 사이에'는 between 06 '~ 앞에'는 in front of 07 '~ 뒤에'는 behind 08 '~ 옆에'는 next to 09 A와 B 형태 앞의 '~ 사이에'는 between 10 '~ 아래에'는 under 11 '~ 맞은편에'는 across from 12 떨어져 있는 상태의 '~ 위에'는 over를 쓴다.

B 01 나는 버스 정류장에서 그를 기다렸다.
02 어제 서울에 눈이 많이 왔다.
03 기차역에서 만나자.
04 벽에 걸려 있는 그림을 보아라.
05 그 상자에 네 손을 넣지 말아라.
06 우체국은 1층에 있다.
07 네 남동생은 지금 그의 방에서 공부하고 있다.
08 Jane과 Sally는 지난 금요일에 학교에 없었다.
09 작은 고양이 한 마리가 지붕 위에 앉아 있다.
10 에베레스트 산은 세계에서 가장 높은 산이다.

01 · 03 · 08 비교적 좁은 장소나 지점인 the bus stop, the train station, school 앞에는 at 02 · 10 비교적 넓은 장소인 Seoul, the world 앞에는 in 05 · 07 건물이나 용기 등의 내부의 '~ 안에'는 in 04 · 06 · 09 표면에 접촉한 상태의 '~ 위에'는 on을 쓴다.

Grammar Practice II
p. 76

A	01 at	02 in	03 on
	04 mountains	05 from	06 in front of
	07 next	08 over	09 on
	10 under	11 and	12 at

B	01 across from	02 between, and, museum
	03 next to	04 behind, bakery
	05 in front of	

A 01 그는 지난 주말에 집에서 TV를 보았다.
02 나의 어머니는 부엌에서 저녁 식사를 준비하고 계신다.
03 샌드위치 세 개가 접시 위에 있다.
04 그 마을은 두 개의 산 사이에 있다.
05 나는 그를 박물관 맞은편에서 보았다.
06 두 그루의 큰 나무가 그 식당 앞에 있다.
07 그녀는 그 탑 옆에서 사진을 찍었다.
08 그들은 어떻게 그 강 위에 다리를 건설했니?
09 잔디에 눕지 말아라.
10 나는 나무 아래에서 책을 읽고 있다.
11 Paul은 Jane과 Kevin 사이에 서 있다.
12 그들은 공항에 늦게 도착했다.

01 · 12 비교적 좁은 장소나 지점인 home, the airport 앞에는 at 02 건물 등의 내부의 '~ 안에'는 in 03 · 09 표면에 접촉한 상태의 '~ 위에'는 on 04 between 뒤에는 복수명사 05 '~ 맞은편에'는 across from 06 '~ 앞에'는 in front of 07 '~ 옆에'는 next to 08 떨어져 있는 상태의 '~ 위에'는 over 10 '~ 아래에'는 under 11 'A와 B사이에'는 between A and B를 쓴다.

B 01 극장은 카페 맞은편에 있다.
02 카페는 빵집과 박물관 사이에 있다.
03 이탈리아 식당은 극장 옆에 있다.
04 슈퍼마켓은 빵집 뒤에 있다.
05 우체국은 병원 앞에 있다.

01 '~ 맞은편에'는 across from 02 'A와 B 사이에'는 between A and B 03 '~ 옆에'는 next to 04 '~ 뒤에'는 behind 05 '~ 앞에'는 in front of를 쓴다.

Prep Writing
p. 77

A 01 near 02 at, in 03 between, and
04 on, under 05 in, front, of

B 01 It is next to the sofa.
02 It is on the desk.
03 They are in the vase.
04 It is in front of the house.
05 She is behind the curtain.

A 01 '~ 근처에'는 near 02 비교적 좁은 장소인 a hotel 앞에는 at, 비교적 넓은 장소인 도시 Paris 앞에는 in 03 'A와 B사이에'는 between A and B 04 표면에 접촉한 상태의 '~ 위에'는 on, '~ 아래에'는 under 05 '~ 앞에'는 in front of를 쓴다.

B 01 A: 전등은 어디에 있니?
B: 그것은 소파 옆에 있어.
02 A: 컴퓨터는 어디에 있니?
B: 그것은 책상 위에 있어.
03 A: 꽃들은 어디에 있니?
B: 그것들은 꽃병 안에 있어.
04 A: 자동차는 어디에 있니?
B: 그것은 집 앞에 있어.
05 A: 소녀는 어디에 있니?
B: 그녀는 커튼 뒤에 있어.

01 '~ 옆에'는 next to 02 표면에 접촉한 상태의 '~ 위에'는 on 03 용기 등의 내부의 '~ 안에'는 in 04 '~ 앞에'는 in front of 05 '~ 뒤에'는 behind를 쓴다.

Sentence Writing
p. 78

A 01 I found my cellphone under the bed.
02 She dropped the vase on the floor.
03 The hair salon is next to the bookstore.
04 Many people are standing in front of the stadium.

B 01 Do you have some money in your pocket?
02 The girl hid behind that tree.
03 The mountain is between two countries.
04 Can you wait for me at the bus stop?
05 The restaurant is across from the train station.

A 전치사는 명사나 대명사 앞에 쓰므로 01 '~ 아래에'를 의미하는 under를 the bed 앞에 02 '~ 위에'를 의미하는 on을 the floor 앞에 03 '~ 옆에'를 의미하는 next to를 the bookstore 앞에 04 '~ 앞에'를 의미하는 in front of를 the stadium 앞에 쓴다.

B 01 용기 등의 내부의 '~ 안에'를 의미하는 in을 your pocket 앞에 쓴다. 02 '~ 뒤에'를 의미하는 behind를 that tree 앞에 쓴다. 03 '~ 사이에'를 의미하는 between을 복수명사 two countries 앞에 쓴다. 04 비교적 좁은 장소인 the bus stop 앞에는 at을 쓴다. 05 '~ 맞은편에'를 의미하는 across from을 the train station 앞에 쓴다.

Self-Study
p. 79

A 01 in 02 on 03 behind
04 at 05 in

B 01 on, in 02 between, and
03 across, from

C 01 We will take a rest under the tree.
02 My father is hanging a picture on the wall.
03 The bookstore is next to the department store.
04 Bill didn't have any money in his wallet.

A 01 우리는 지난 여름에 영국에서 멋진 시간을 보냈다.
02 그들은 운동장에서 축구를 하고 있다.
03 나는 내 선물을 커튼 뒤에 숨겼다.
04 그 학생들은 학교에서 점심을 먹니?
05 교실 안에서 뛰지 말아라.

01 비교적 넓은 장소인 국가 England 앞에는 in 02 the playground 앞에는 on 03 '~ 뒤에'는 behind 04 비교적 좁은 장소인 school 앞에는 at 05 건물 등의 내부의 '~ 안에'는 in을 쓴다.

B 01 land 앞에는 on, the lake 앞에는 in을 쓴다. 02 'A와 B사이에'는 between A and B를 쓴다. 03 '~ 맞은편에'는 across from을 쓴다.

C 01 '~ 아래에'를 의미하는 under를 the tree 앞에 쓴다. 02 표면에 접촉한 상태의 '~ 위에'를 의미하는 on을 the wall 앞에 쓴다. 03 '~ 옆에'를 의미하는 next to를 the department store 앞에 쓴다. 04 용기 등의 내부의 '~ 안에'를 의미하는 in을 his wallet 앞에 쓴다.

Unit 10 시간을 나타내는 전치사 외

Grammar Practice I

A
01 at	02 on	03 in	04 on
05 at	06 in	07 in	08 at
09 in	10 on		

B
01 after	02 until	03 with	04 by
05 before	06 during	07 in	08 on
09 for	10 at	11 for	12 from, to

A
01 그녀는 어제 자정에 잠자리에 들었다.
02 우리는 토요일에 학교에 가지 않는다.
03 그들은 겨울에 스키를 타러 간다.
04 그는 5월 18일에 한국을 떠날 것이다.
05 너는 대개 6시 30분에 일어나니?
06 그녀의 생일은 12월에 있다.
07 그 배우는 1988년에 태어났다.
08 밤에 너무 많이 먹지 말아라.
09 그 노인은 항상 오후에 산책한다.
10 아이들은 크리스마스에 선물을 받는다.

01 midnight 앞에는 at 02·04·10 요일, 날짜, 특정한 날 앞에는 on 03·06·07 계절, 월, 연도 앞에는 in 05·08 구체적인 시각이나 특정 시점 앞에는 at을 쓴다. 09 '오후에'는 in the afternoon을 쓴다.

B
01 너는 9시 이후에 밖에 나가면 안 된다.
02 이번 금요일까지 비가 올 것이다.
03 나는 내 친구와 함께 음악회에 갔다.
04 그녀는 대개 지하철로 회사에 간다.
05 너는 식사 전에 손을 씻어야 한다.
06 우리는 여름 방학 동안 유럽을 여행할 것이다.
07 그들은 저녁에 가끔 TV를 본다.
08 그는 걸어서 도서관에 갔다.
09 Mike는 그의 어머니를 위해 약간의 꽃을 샀다.
10 그 축제는 오늘 정오에 시작할 것이다.
11 그것을 오븐에서 한 시간 동안 구워라.
12 서울에서 부산까지 비행기로 한 시간이 걸린다.

01 '~ 후에'는 after 02 '~까지'는 until 03 '~와 함께'는 with 04 교통수단 앞에는 by 05 '~ 전에'는 before 06 특정 기간 앞에서 '~ 동안'은 during 07 '저녁에'는 in the evening 08 교통수단을 나타낼 때 by + 교통수단을 쓰지만, 걸어가는 경우에는 on foot을 쓴다. 09 '~을 위해'는 for 10 특정 시점인 noon 앞에는 at 11 숫자 표현 앞에서 '~ 동안'은 for 12 '~에서 ...까지'는 from ~ to...를 쓴다.

Grammar Practice II
p. 82

A
01 by	02 with	03 for	04 at
05 for	06 on	07 during	08 in
09 until	10 from		

B
01 It is on May 5.
02 I visited America in 1999.
03 I usually eat dinner at 6:30 p.m.
04 He worked at the bank for 10 years.
05 They go to the zoo by train.
06 They fought in the afternoon.

A
01 우리는 배로 제주도에 갈 수 있다.
02 내 강아지는 공을 가지고 놀고 있다.
03 너는 Sally를 위해 선물을 샀니?
04 그 사고는 자정에 발생했다.

05 그는 어제 10시간 동안 잠을 잤다.
06 너는 네 생일에 무엇을 했니?
07 그녀는 겨울 방학 동안 중국어를 배울 것이다.
08 나뭇잎들은 가을에 붉게 변한다.
09 그는 내일까지 그 일을 끝마쳐야 한다.
10 나는 월요일부터 금요일까지 학교에 간다.

01 교통수단 앞에는 by 02 '~을 가지고'는 with 03 '~을 위해'는 for 04 midnight 앞에는 at 05 숫자 표현 앞에서 '~ 동안'은 for 06 특정한 날 앞에는 on 07 특정 기간 앞에서 '~ 동안'은 during 08 계절 앞에는 in 09 '~까지'는 until 10 '~에서 ...까지'는 from ~ to...를 쓴다.

B
01 A: 어린이날은 언제니?
   B: 5월 5일이야.
02 A: 너는 언제 미국을 방문했니?
   B: 나는 1999년에 미국을 방문했어.
03 A: 너는 대개 몇 시에 저녁을 먹니?
   B: 나는 대개 6시 30분에 저녁을 먹어.
04 A: 그는 은행에서 얼마나 오랫동안 일했니?
   B: 그는 은행에서 10년 동안 일했어.
05 A: 그들은 어떻게 동물원에 가니?
   B: 그들은 기차를 타고 동물원에 가.
06 A: 네 남동생들은 언제 싸웠니?
   B: 그들은 오후에 싸웠어.

01 날짜 앞에는 on 02 연도 앞에는 in 03 구체적인 시각 앞에는 at 04 숫자 표현 앞에서 '~ 동안'은 for 05 교통수단 앞에는 by를 쓴다. 06 '오후에'는 in the afternoon을 쓴다.

Prep Writing
p. 83

A
01 at, in, the, morning	02 until, midnight
03 during, at, night	04 from, to
05 before, after	

B
01 It snowed a lot in January.
02 My father came back home at 7 o'clock yesterday.
03 We will go on a picnic by bus.
04 The boy asks many questions during class.
05 He sang a song for her.
06 They usually have a math test on Friday.

A
01 구체적인 시각 앞에는 at을, '아침에'는 in the morning을 쓴다. 02 '~까지'는 until을 쓴다. 03 특정 기간 앞에서 '~ 동안'은 during을 쓰고, '밤에'는 at night을 쓴다. 04 '~에서 ...까지'는 from ~ to...를 쓴다. 05 '~ 전에'는 before, '~ 후에'는 after를 쓴다.

B
01 1월에 눈이 많이 왔다.
02 나의 아버지는 어제 7시 정각에 집에 돌아오셨다.
03 우리는 버스를 타고 소풍을 갈 것이다.
04 그 소년은 수업 시간 동안 많은 질문을 한다.
05 그는 그녀를 위해 노래를 불렀다.
06 그들은 대개 금요일에 수학 시험을 본다.

01 월 앞에는 in 02 구체적인 시각 앞에는 at 03 교통수단 앞에는 by 04 특정 기간 앞에서 '~ 동안'은 during 05 '~를 위해'는 for 06 요일 앞에는 on을 쓴다.

Sentence Writing
p.84

A
01 I stayed in London for a year.
02 She will be back after lunchtime.
03 We did our homework until midnight.
04 The bank is busy from 11:30 to 2:30.

B
01 We practiced hard before the game.
02 Some animals sleep during the cold winter.
03 I always take a walk with her on the weekend.
04 Our summer vacation starts in July.
05 Do you have a meeting at 9:30 on Monday?

A 01 비교적 넓은 장소인 도시 London 앞에 in을 쓰고, 숫자 표현인 a year 앞에 '~ 동안'이라는 의미의 for를 쓴다. 02 '~ 후에'를 의미하는 after를 lunchtime 앞에 쓴다. 03 '~까지'를 의미하는 until을 midnight 앞에 쓴다. 04 '~에서 ...까지'는 from ~ to...를 쓰는데, 11시 30분부터 2시 30분까지이므로 from을 11:30 앞에, to를 2:30 앞에 쓴다.

B 01 '~ 전에'를 의미하는 before를 the game 앞에 쓴다. 02 특정 기간인 the cold winter 앞에 '~ 동안'이라는 의미의 during을 쓴다. 03 '~와 함께'를 의미하는 with를 her 앞에 쓰고, '주말에'는 on the weekend를 쓴다. 04 월 July 앞에 in을 쓴다. 05 구체적인 시각 9:30 앞에 at을 쓰고, 요일 Monday 앞에 on을 쓴다.

Self-Study
p. 85

A
01 for
02 by
03 during
04 until
05 on

B
01 at, before
02 for, two, weeks
03 in, at, night

C
01 Henry always does exercise after school.
02 People usually work from Monday to Friday.
03 The sun will set at 7:30 in the evening.
04 Wash your hands with this soap.

A 01 나의 어머니는 우리를 위해 쿠키를 구우셨다.
02 너는 택시로 공항에 가야 한다.
03 시험을 보는 동안 네 친구들과 이야기하지 말아라.
04 그 아기는 지난밤에 11시까지 잠을 자지 않았다.
05 그들은 대개 일요일 아침에 늦게 일어난다.

01 '~를 위해'는 for 02 교통수단 앞에는 by 03 특정 기간 앞에서 '~ 동안'은 during 04 '~까지'는 until 05 특정 요일의 아침/오후/저녁 앞에는 on을 쓴다.

B 01 비교적 좁은 장소인 school 앞에 at을 쓰고, '~ 전에'는 before를 쓴다. 02 숫자 표현인 two weeks 앞에 '~ 동안'은 for를 쓴다. 03 '오후에'는 in the afternoon을 쓰고, '밤에'는 at night을 쓴다.

C 01 '~ 후에'를 의미하는 after를 school 앞에 쓴다. 02 '~에서 ...까지'는 from ~ to...를 쓴다. 03 구체적인 시각 7:30 앞에는 at을 쓰고, '저녁에'는 in the evening을 쓴다. 04 '~를 가지고'를 의미하는 with를 this soap 앞에 쓴다.

Actual Test
pp. 86 – 88

01 ③ 02 ③ 03 ④ 04 ② 05 ① 06 ⑤ 07 ④ 08 ①
09 ② 10 ③ 11 ⑤ 12 ④ 13 ④
14 The movie theater is between the bank and the hospital.
15 We are at school from 9 a.m. to 3 p.m.
16 She parked her car behind the bookstore.
17 I went shopping with my parents for an hour.
18 They will stay at this hotel until Friday.
19 at, on 20 after 21 during 22 before 23 in
24 from, to

01 우리는 목요일에 영어 수업이 있다.
요일 앞에는 on을 쓴다.

02 우체국은 박물관 뒤에/앞에/옆에/맞은편에 있다.
between은 between A and B 형태로 쓰거나 뒤에 복수명사가 온다.

03 A: 너는 얼마나 오랫동안 로마에 머무를 거니?
B: 나는 2주 동안 로마에 머무를 거야.
'~ 동안'을 의미하고, 뒤에 숫자 표현인 two weeks가 오므로 for를 쓴다.

04 A: 너는 어떻게 학교에 가니?
B: 나는 보통 지하철로 학교에 가.
교통수단 앞에는 by를 쓴다.

05 · 그 약국은 모퉁이에 있다.
· 밤에 바이올린을 연주하지 말아라.
비교적 좁은 장소나 지점인 the corner 앞에는 at을 쓰고, '밤에'는 at night을 쓰므로 at이 공통으로 들어간다.

06 · 그것은 세계에서 가장 높은 건물이다.
· 캐나다는 가을에 매우 아름답다.
넓은 장소인 the world 앞이나, 계절 앞에는 in을 쓴다.

07 · 우리는 수업 중에 휴대전화를 사용할 수 없다.
· 그 학교는 공원과 박물관 사이에 있다.
특정 기간 앞에서 '~ 동안'의 의미를 나타낼 때는 during을 쓰고, 'A와 B 사이에'는 between A and B를 쓴다.

08 ① 그녀는 2월에 태어났다.
② 그 꽃병을 탁자에 놓아라.
③ 내 생일은 6월 17일이다.
④ 시계 하나가 벽에 걸려 있다.
⑤ 우리는 일요일 아침에 집을 청소한다.
① 월 앞에는 in을 쓴다. ② ④ 표면에 접촉한 상태의 '~ 위에'나 ③ ⑤ 날짜, 특정 요일의 아침 앞에는 on을 쓴다.

09 ① 그는 한 시간 동안 자전거를 탔다.
② 그녀는 나를 위해 스파게티를 요리했다.
③ 그들은 3달 동안 그것을 연습했다.
④ 나는 7년 동안 서울에서 살았다.
⑤ 우리는 10일 동안 그 호텔에 머물렀다.
① ③ ④ ⑤의 for는 '~ 동안'이라는 의미이고 ②의 for는 '~를 위해'라는 의미이다.

10 ① 그녀는 아침에 커피를 마신다.
② 나는 6시까지 그를 기다렸다.
③ 그들은 걸어서 회사에 간다.
④ 우리는 6시부터 7시까지 배드민턴을 쳤다.
⑤ 나는 Kate와 Emily 사이에 앉았다.
③ by foot → on foot
교통수단을 나타낼 때는 by를 쓰지만, 걸어가는 경우에는 on foot을 쓴다.

정답 및 해설 **23**

11 ⑤ on the afternoon → in the afternoon

'오후에'는 in the afternoon을 쓴다.

12 ④ during → for

뒤에 숫자 표현인 two years가 오므로 during이 아니라 for를 쓴다.

13 ① next to → across from ② on → under ③ after → until
⑤ by → with

14 그 극장은 은행과 병원 사이에 있다.

'A와 B 사이에'는 between A and B를 쓴다.

15 우리는 9시부터 3시까지 학교에 있다.

'~에서 ...까지'는 from ~ to...를 쓴다.

16 '~ 뒤에'를 의미하는 behind를 the bookstore 앞에 쓴다.

17 '~와 함께'를 의미하는 with를 my parents 앞에 쓰고, 숫자 표현인 an hour 앞에 '~ 동안'이라는 의미의 for를 쓴다.

18 비교적 좁은 장소인 this hotel 앞에 at을 쓰고, '~까지'를 의미하는 until을 Friday 앞에 쓴다.

19 Kate는 월요일에 6시 30분에 일어난다.

구체적인 시각 앞에는 at, 요일 앞에는 on을 쓴다.

20 그녀는 아침을 먹은 후에 학교에 간다.

'~ 후에'는 after를 쓴다.

21 그녀는 미술 시간 동안에 그림을 그린다.

특정 기간 앞에서 '~ 동안'의 의미를 나타낼 때는 during을 쓴다.

22 그녀는 점심시간 전에 음악 수업이 있다.

'~ 전에'는 before를 쓴다.

23 그녀는 아침에 세 과목의 수업이 있다.

'아침에'는 in the morning을 쓴다.

24 점심시간은 12시부터 1시까지다.

'~에서 ...까지'는 from ~ to...를 쓴다.

Unit 11 등위 접속사

Grammar Practice I p. 91

A	01 and	02 or	03 so
	04 but	05 or	06 dangerous
	07 so	08 or	09 but, unhappy
	10 do	11 but, don't	12 X, and

B	01 so	02 and	03 or	04 and
	05 but	06 but	07 or	08 so
	09 or	10 and		

A 01 James는 잘생겼고 똑똑하다.
02 그는 버스를 타거나 자전거를 타고 학교에 간다.
03 그녀는 친절해서, 모든 사람이 그녀를 좋아한다.
04 Tom은 영어를 좋아하지만, 수학은 좋아하지 않는다.
05 치타와 호랑이 중에 어느 것이 더 빠르니?
06 그 산은 높고 위험하다.
07 그는 다리를 다쳐서, 걷지 못했다.
08 너는 집에 머무를 것이니 아니면 영화를 보러 갈 것이니?
09 그들은 부유하지만, 행복하지 않다.
10 우리는 방과 후에 축구를 하거나 숙제를 한다.
11 나는 여동생이 두 명 있지만, 남동생은 없다.
12 펜 세 개, 책 두 권, 그리고 필통 하나가 있다.

01 · 06 · 12 서로 대등한 내용을 연결할 때 and (그리고, ~와/과)를 쓴다. 단어와 단어를 연결할 때 품사가 서로 같아야 하고, 세 개 이상을 연결할 때는 콤마(,)로 연결하고 마지막에만 and를 쓴다. 02 · 05 · 08 · 10 둘 중 하나를 가리키는 경우 or (또는)를 쓰는데, 구와 구를 연결할 때 문법적으로 맞아야 하므로 현재형 do를 쓴다. 03 · 07 원인과 결과인 문장을 연결할 때 so (그래서, 그러므로)를 쓴다. 04 · 09 · 11 서로 반대되는 내용을 연결할 때 but (그러나, 하지만)을 쓴다. 단어와 단어를 연결할 때 품사가 서로 같아야 하고, 구와 구를 연결할 때 문법적으로 맞아야 하는데 주어가 I이므로 don't를 쓴다.

B 01 David는 아파서, 병원에 갔다.
02 London Bridge와 Big Ben은 런던에 있다.
03 너는 야구와 축구 중에 어느 스포츠를 좋아하니?
04 나는 8시에 아침을 먹고 버스를 타고 학교에 간다.
05 그 집은 오래되었지만, 멋져 보인다.
06 Mary는 점심은 먹었지만, 저녁은 먹지 않았다.
07 너는 우리와 함께 머무르거나, 아니면 지금 떠나도 된다.
08 눈이 많이 와서, 길이 미끄러웠다.
09 학교 축제가 5월 2일이니, 아니면 5월 3일이니?
10 그는 한국에서 서울, 부산, 그리고 제주도를 방문했다.

01 · 08 원인과 결과인 문장을 연결할 때 so (그래서, 그러므로)를 쓴다.
02 · 04 · 10 서로 대등하거나 이어지는 내용을 연결할 때 and (그리고, ~와/과)를 쓰는데, 세 개 이상을 연결할 때는 콤마(,)로 연결하고 마지막에만 and를 쓴다. 03 · 07 · 09 둘 중 하나를 가리키는 경우 or (또는)를 쓴다.
05 · 06 서로 반대되는 내용을 연결할 때 but (그러나, 하지만)을 쓴다.

Grammar Practice II p. 92

A	01 and	02 or
	03 but	04 so
	05 my brother, and	06 doesn't play
	07 clearly	08 and bought
	09 or	10 so

B **01** English, and, math   **02** small, but, strong
   03 so, everyone, cried   **04** tea, or, coffee
   05 do, and, watch   **06** or, on, foot

A 01 날씨가 춥고 눈이 올 것이다.
   02 그녀는 학교에 있니, 아니면 도서관에 있니?
   03 그 소년은 넘어졌지만, 울지 않았다.
   04 우리는 숙제가 많아서, 놀 수 없다.
   05 내 여동생, 내 남동생, 그리고 나는 수영을 잘한다.
   06 그는 피아노는 연주하지만, 기타는 연주하지 않는다.
   07 Smith 씨는 영어를 천천히 그리고 알기 쉽게 말한다.
   08 나는 시장에 가서 오렌지 몇 개를 샀다.
   09 너는 쇼핑을 갈 것이니, 아니면 집에서 TV를 볼 것이니?
   10 그 표는 너무 비싸서, 나는 그것을 살 수 없다.

01·05·07·08 서로 대등하거나 이어지는 내용을 연결할 때 and (그리고, ~와/과)를 쓴다. 세 개 이상을 연결할 때는 콤마(,)로 연결하고 마지막에만 and를 쓴다. 단어와 단어를 연결할 때 품사가 서로 같아야 하므로 부사 clearly를 쓴다. 구와 구를 연결할 때 문법적으로 맞아야 하므로 앞 구의 시제에 맞추어 과거형 bought를 쓴다. 02·09 둘 중 하나를 가리키는 경우 or (또는)를 쓴다. 03·06 서로 반대되는 내용을 연결할 때 but (그러나, 하지만)을 쓴다. 구와 구를 연결할 때 문법적으로 맞아야 하므로 앞 구의 시제에 맞추어 현재형을 쓴다. 주어가 3인칭 단수인 부정문이므로 doesn't play를 쓴다. 04·10 원인과 결과인 문장을 연결할 때 so (그래서, 그러므로)를 쓴다.

B 01 Mary는 영어를 좋아한다. Mary는 수학도 좋아한다.
      → Mary는 영어와 수학을 좋아한다.
   02 그 소년은 작다. 그 소년은 강하다.
      → 그 소년은 작지만 강하다.
   03 그 영화는 슬펐다. 모든 사람이 울었다.
      → 그 영화는 슬퍼서, 모든 사람이 울었다.
   04 차를 드시겠어요? 커피를 드시겠어요?
      → 차 또는 커피를 드시겠어요?
   05 나는 숙제를 할 것이다. 그러고 나서 나는 TV를 볼 것이다.
      → 나는 숙제를 하고 나서 TV를 볼 것이다.
   06 Harry는 버스를 타고 학교에 갈 수 있다. Harry는 걸어서 학교에 갈 수 있다. → Harry는 버스를 타거나 걸어서 학교에 갈 수 있다.

01·05 서로 대등하거나 이어지는 내용은 and를 써서 단어와 단어(English, math), 구와 구(do my homework, watch TV)를 연결한다. 02 서로 반대되는 내용은 but을 써서 단어와 단어(small, strong)를 연결한다. 03 원인과 결과인 문장은 so를 써서 문장과 문장(The movie was sad., Everyone cried.)을 연결한다. 04·06 둘 중 하나를 가리키는 경우 or를 써서 단어와 단어(tea, coffee), 구와 구(by bus, on foot)를 연결한다.

Prep Writing   p. 93

A **01** and, saw   **02** or   **03** but, tastes
   04 or, play   **05** so, stayed

B 01 I am 12 years old and like to play sports.
   02 It was hot, so she drank a lot of cold drinks.
   03 She knows him, but he doesn't know her.
   04 You may go shopping or take a walk.
   05 I don't have any money, but my sister has a lot of
      money.

A 01 서로 이어지는 내용을 연결할 때 and (그리고, ~와/과)를 쓰고, 앞 문장의 시제가 과거이므로 과거형 saw를 쓴다. 02·04 둘 중 하나를 가리키는 경우 or (또는)를 쓰고, 앞 구의 시제가 현재이므로 현재형 play를 쓴다. 03 서로 반대되는 내용을 연결할 때 but (그러나, 하지만)을 쓰고, 앞 문장의 시제가 현재이므로 현재형 tastes를 쓴다. 05 원인과 결과인 문장을 연결할 때 so (그래서, 그러므로)를 쓰고, 앞 문장의 시제가 과거이므로 과거형 stayed를 쓴다.

B 보기 그 수업은 지루했다. 나는 잠이 들었다.
        → 그 수업은 지루해서, 나는 잠이 들었다.
   01 나는 12살이다. 나는 운동하는 것을 좋아한다.
      → 나는 12살이고 운동하는 것을 좋아한다.
   02 날씨가 더웠다. 그녀는 찬 음료를 많이 마셨다.
      → 날씨가 더워서, 그녀는 찬 음료를 많이 마셨다.
   03 그녀는 그를 안다. 그는 그녀를 모른다.
      → 그녀는 그를 알지만, 그는 그녀를 모른다.
   04 너는 쇼핑을 가도 된다. 너는 산책해도 된다.
      → 너는 쇼핑을 가거나 아니면 산책해도 된다.
   05 나는 돈이 전혀 없다. 내 여동생은 돈이 많다.
      → 나는 돈이 전혀 없지만, 내 여동생은 돈이 많다.

01 서로 대등하거나 이어지는 내용을 연결할 때 and (그리고, ~와/과)를 쓴다. 02 원인과 결과인 문장을 연결할 때 so (그래서, 그러므로)를 쓴다. 03·05 서로 반대되는 내용을 연결할 때 but (그러나, 하지만)을 쓴다. 04 둘 중 하나를 가리키는 경우 or (또는)를 쓴다.

Sentence Writing   p. 94

A 01 He will eat breakfast and drink coffee.
   02 Which season do you like, spring or fall?
   03 I woke up early, but he slept late.
   04 Bill didn't eat lunch, so he was hungry.

B 01 I will go swimming or climb a mountain.
   02 His grandfather is old but healthy.
   03 My sister was sick, so I took care of her.
   04 Jane can play the piano, flute, and guitar.
   05 She gets up early and does exercise in the morning.

A 01 서로 대등한 내용의 구와 구를 and를 써서 연결한다. 02 둘 중 하나를 가리키는 경우 or를 써서 단어와 단어를 연결한다. 03 서로 반대되는 내용의 문장과 문장을 but을 써서 연결하는데, 문장과 문장을 연결할 때는 접속사 앞에 콤마(,)를 쓴다. 04 원인과 결과인 문장과 문장을 so를 써서 연결한다.

B 01 둘 중 하나를 가리키는 경우로 or를 써서 구와 구를 문법에 맞게 연결한다. 02 서로 반대되는 내용을 연결하는 but을 써서 단어와 단어의 품사가 서로 같게 연결한다. 03 원인과 결과인 문장을 연결하는 so를 써서, 문장과 문장을 연결하고, 접속사 앞에 콤마(,)를 쓴다. 04·05 서로 대등하거나 이어지는 내용을 연결하는 and를 쓴다. 세 개 이상의 단어를 연결할 때는 콤마(,)로 연결하고 마지막에만 접속사를 쓰고, 구와 구를 연결할 때는 문법적으로 맞아야 한다.

Self-Study   p. 95

A **01** so   **02** and   **03** or
   04 but   **05** dances

B **01** or   **02** so, went   **03** but, missed

C 01 It was hot, so he turned on the air conditioner.
   02 I will become a writer or a zookeeper.
   03 They bought a tent and went camping.
   04 He did his best, but he lost the game.

A 01 나는 치통이 있어서, 치과에 갔다.
   02 그녀는 런던으로 이사해서 거기에서 5년 동안 살았다.
   03 너는 후식으로 아이스크림이나 케이크를 먹을 수 있다.
   04 그 여행 가방은 무거워 보였지만, 가벼웠다.
   05 Ashley는 노래를 잘 부르고 아름답게 춤을 춘다.

01 원인과 결과인 문장을 연결할 때 so (그래서, 그러므로)를 쓴다. 02 · 05
서로 대등하거나 이어지는 내용을 연결할 때 and (그리고, ~와/과)를 쓰는데,
구와 구를 연결할 때 문법적으로 맞아야 하므로 앞 구의 시제에 맞추어 현재형을
쓴다. 03 둘 중 하나를 가리키는 경우 or (또는)를 쓴다. 04 서로 반대되는
내용을 연결할 때 but (그러나, 하지만)을 쓴다.

B 01 둘 중 하나를 가리키는 경우로 or (또는)를 쓴다. 02 원인과 결과인 문장을
연결하는 so (그래서, 그러므로)를 쓰고, 앞 문장의 시제가 과거이므로 과거형
went를 쓴다. 03 서로 반대되는 내용을 연결하는 but (그러나, 하지만)을 쓰고,
앞 구의 시제가 과거이므로 과거형 missed를 쓴다.

C 01 원인과 결과인 문장을 연결하는 so를 쓴다. 02 둘 중 하나를 가리키는
경우로 or를 써서 단어와 단어를 연결한다. 03 서로 이어지는 내용을 연결하는
and을 써서 구와 구를 문법에 맞게 연결한다. 04 서로 반대되는 내용을
연결하는 but를 써서 문장과 문장을 문법에 맞게 연결한다.

Unit 12 종속 접속사

Grammar Practice I
p. 97

A 01 when, 나는 어렸을 때 매우 수줍음이 많았다.
01 after, 너는 숙제를 끝낸 후에 밖에서 놀 수 있다.
02 after, 너는 숙제를 끝낸 후에 밖에서 놀 수 있다.
03 until, 그는 아버지가 돌아오실 때까지 잠자리에 들지 않았다.
04 If, 만약 서두르지 않는다면, 너는 늦을 것이다.
05 because, 바람이 불어서 그는 창문을 닫았다.
06 Before, 어두워지기 전에 그들은 떠날 것이다.

B | 01 If | 02 before | 03 until | 04 because |
| 05 After | 06 Because | 07 When | 08 If |
| 09 do | 10 goes | | |

A 종속 접속사는 종속절을 주절에 연결할 때 쓰는 것으로 시간, 이유나 원인, 조건
등을 나타내는데 01 when은 '~할 때' 02 after는 '~한 후에' 03 until은
'~할 때까지' 04 If는 '만약 ~하다면' 05 because는 '~하기 때문에' 06
Before는 '~하기 전에'라고 해석한다.

B 01 내일 화창하다면, 우리는 캠핑을 갈 것이다.
02 그는 나가기 전에 항상 전등을 끈다.
03 Kate는 9살 때까지 조부모님과 함께 살았다.
04 그녀는 늦게 일어났기 때문에 버스를 놓쳤다.
05 그녀는 조깅을 한 후에 샤워를 한다.
06 우리는 시간이 없기 때문에 너를 도울 수 없다.
07 그녀는 그 소식을 들었을 때 놀랐다.
08 만약 네가 일찍 온다면, 너는 그를 만날 수 있다.
09 만약 네가 규칙적으로 운동을 한다면, 건강해질 것이다.
10 Tom이 학교에 간 후에 그녀는 집을 청소할 것이다.

01 · 08 '만약 ~하다면'은 if 02 '~하기 전에'는 before 03 '~할 때까지'는
until 04 · 06 '~하기 때문에'는 because 05 '~한 후에'는 after 07 '~할
때'는 when을 쓴다. 09 · 10 시간을 나타내는 종속절에서는 현재 시제가 미래
시제를 대신하므로 현재형 do와 goes를 쓴다.

Grammar Practice II
p. 98

A 01 when he grows up
02 If you don't eat breakfast
03 before we go to bed
04 After they fought
05 because she missed the bus
06 Until the class ended

B 01 His face turns red when he tells lies.
(= When he tells lies, his face turns red.)
02 She taught English until she returned to London.
(= Until she returned to London, she taught English.)
03 We saw many stars after the sun set.
(= After the sun set, we saw many stars.)
04 He laughed a lot because the movie was funny.
(= Because the movie was funny, he laughed a lot.)
05 I must buy some milk before the shop closes.
(= Before the shop closes, I must buy some milk.)
06 My family will go skiing if it snows.
(= If it snows, my family will go skiing.)

A 01 그는 커서 의사가 될 것이다.
02 만약 네가 아침을 먹지 않는다면, 배가 고플 것이다.
03 우리는 잠자리에 들기 전에 이를 닦는다.
04 그들은 싸운 후에 서로 말을 하지 않았다.
05 Sally는 버스를 놓쳤기 때문에 학교에 늦었다.
06 그 소년은 수업이 끝날 때까지 질문을 하지 않았다.

01 '~할 때'를 의미하는 when이 이끄는 문장이 온다. 02 조건을 나타내는 if가 이끄는 문장이 온다. 03 '~하기 전에'를 의미하는 after가 이끄는 문장이 온다. 04 '~한 후에'를 의미하는 after가 이끄는 문장이 온다. 05 이유를 나타내는 because가 이끄는 문장이 온다. 06 '~할 때까지'를 의미하는 until이 이끄는 문장이 온다.

B 01 그의 얼굴은 빨개진다. 그는 거짓말을 한다.
→ 그는 거짓말을 할 때 얼굴이 빨개진다.
02 그녀는 런던으로 돌아갔다. 그녀는 영어를 가르쳤다.
→ 그녀는 런던으로 돌아갈 때까지 영어를 가르쳤다.
03 우리는 많은 별을 보았다. 해가 졌다.
→ 우리는 해가 진 후에 많은 별을 보았다.
04 그 영화는 웃겼다. 그는 많이 웃었다.
→ 그 영화는 웃겼기 때문에 그는 많이 웃었다.
05 나는 우유를 조금 사야 한다. 그 가게는 문을 닫을 것이다.
→ 그 가게가 문을 닫기 전에 나는 우유를 조금 사야 한다.
06 우리 가족은 스키를 타러 갈 것이다. 눈이 올 것이다.
→ 만약 눈이 온다면, 우리 가족은 스키를 타러 갈 것이다.

괄호 안의 접속사를 사용하여 주절과 종속절을 연결하는데, 종속 접속사가 이끄는 절이 먼저 나오는 경우 절과 절 사이에 콤마(,)를 쓴다. 01 '거짓말을 할 때 얼굴이 빨개진다'는 문장이 자연스러우므로 when he tells lies 앞에 쓴다. 02 '런던으로 돌아갈 때까지 영어를 가르쳤다'는 문장이 자연스러우므로 until을 she returned to London 앞에 쓴다. 03 '해가 진 후에 많은 별을 보았다'는 문장이 자연스러우므로 after를 the sun set 앞에 쓴다. 04 이유를 나타내는 문장 앞에 because를 쓴다. 05 '그 가게가 문을 닫기 전에 우유를 조금 산다'는 문장이 자연스러우므로 before를 the shop will close 앞에 쓰는데, 시간을 나타내는 종속절에서는 현재 시제가 미래 시제를 대신하므로 현재형 closes를 쓴다. 06 조건을 나타내는 문장 앞에 if를 쓰는데, 조건을 나타내는 종속절에서는 현재 시제가 미래 시제를 대신하므로 현재형 snows를 쓴다.

Prep Writing   p. 99

A 01 when   02 Because, went
03 will, until, leaves   04 will, after, play
05 If, is, will

B 01 She washed the dishes <u>after</u> she ate dinner.
02 My mother gets up <u>before</u> the sun rises.
03 <u>Because</u> he studied hard, he got an A.
04 <u>When</u> Sam was young, he didn't eat meat.
05 <u>If</u> he <u>visits</u> us, we will be glad.
06 I will <u>help</u> her until she <u>gets</u> well.

A 01 '~할 때'는 when을 쓴다. 02 '~하기 때문에'는 Because를 쓰고, 앞의 시제가 과거이므로 과거형 went를 쓴다. 03 · 04 '~할 때까지'는 until, '~한 후에'는 after를 쓰는데, 시간을 나타내는 종속절에서는 현재 시제가 미래 시제를 대신하므로 종속절에는 leaves, play를 쓰고, 주절은 동사원형 앞에 will을 써서 미래 시제로 쓴다. 05 '만약 ~하다면'은 If를 쓰는데, 조건을 나타내는 종속절에서는 현재 시제가 미래 시제를 대신하므로 종속절에는 is를 쓰고, 주절은 동사원형 앞에 will을 써서 미래 시제로 쓴다.

B 01 '~한 후에'는 after를 쓴다. 02 '~하기 전에'는 before을 쓴다. 03 종속 접속사가 이끄는 절이 먼저 나오는 경우 절과 절 사이에 콤마(,)를 쓴다. 04 '~할 때'는 when을 쓴다. 05 · 06 조건이나 시간을 나타내는 종속절에서는 현재 시제가 미래 시제를 대신하므로 현재형 visits, gets를 쓴다.

Sentence Writing   p. 100

A 01 She was beautiful when she was young.
(= When she was young, she was beautiful.)
02 I was angry because you told a lie.
(= Because you told a lie, I was angry.)
03 He learned golf before he was 10.
(= Before he was 10, he learned golf.)
04 You will beat him if you practice hard.
(= If you practice hard, you will beat him.)

B 01 She wasn't at home when I came back home.
(= When I came back home, she wasn't at home.)
02 I will be happy if you keep your promise.
(= If you keep your promise, I will be happy.)
03 She will take a shower after she rides her bike.
(= After she rides her bike, she will take a shower.)
04 He felt tired because he didn't sleep last night.
(= Because he didn't sleep last night, he felt tired.)
05 I will study hard until my dream comes true.
(= Until my dream comes true, I will study hard.)

A 01 '~할 때'라는 의미의 when을 she was young 앞에 쓴다. 02 원인을 나타내는 문장 you told a lie 앞에 because를 쓴다. 03 '~하기 전에'라는 의미의 before을 he was 10 앞에 쓴다. 04 조건을 나타내는 문장 you practice hard 앞에 if를 쓰는데, 조건을 나타내는 종속절에는 현재 시제를 쓴다.

B 01 '~할 때'는 when을 쓴다. 02 '만약 ~하다면'이라는 의미의 if를 조건을 나타내는 문장 앞에 쓰는데, 조건을 나타내는 종속절에서는 현재 시제가 미래 시제를 대신하므로 주절에는 미래 시제를, 종속절에는 현재 시제를 쓴다. 03 · 05 '~한 후에'는 after, '~할 때까지'는 until을 쓰는데, 시간을 나타내는 종속절에서는 현재 시제가 미래 시제를 대신하므로 주절에는 미래 시제를, 종속절에는 현재 시제를 쓴다. 04 '~하기 때문에'라는 의미의 because를 이유를 나타내는 문장 앞에 쓴다.

Self-Study   p. 101

A 01 because   02 When   03 before
04 exercises   05 Until

B 01 If, take, won't   02 visited, when, went
03 likes, because, is

C 01 He became famous after he wrote the novel.
(= After he wrote the novel, he became famous.)
02 I listen to music until I fall asleep.
(= Until I fall asleep, I listen to music.)
03 They lost the game because they were unlucky.
(= Because they were unlucky, they lost the game.)
04 You will have fun if you go to the party.
(= If you go to the party, you will have fun.)

A 01 오늘 밤에 비가 올 것이기 때문에 우산을 가져와라.
02 내가 그를 봤을 때 그는 슬퍼 보였다.
03 들어오기 전에 노크하세요.
04 만약 그가 규칙적으로 운동을 한다면, 살이 빠질 것이다.
05 그는 시험에 통과할 때까지 열심히 공부할 것이다.

01 '~하기 때문에'는 because 02 '~할 때'는 when 03 '~하기 전에'는 before를 쓴다. 04 조건을 나타내는 종속절에서는 현재 시제가 미래 시제를 대신하므로 현재형 exercises를 쓴다. 05 '~할 때까지'는 Until을 쓴다.

B **01** '만약 ~하다면'은 if를 쓰는데, 조건을 나타내는 종속절에서는 현재 시제가 미래 시제를 대신하므로 종속절에는 현재 시제 take를 쓰고, 주절은 미래 시제의 부정인 won't를 쓴다. **02 · 03** '~할 때'는 when, '~하기 때문에'는 because를 쓰는데 주절과 종속절의 시제를 맞추어 쓴다.

C **01** '~한 후에'는 after를 **02** '~할 때까지'는 until을 쓴다. **03** '~하기 때문에'라는 의미의 because를 이유를 나타내는 문장 앞에 쓴다. **04** '만약 ~하다면'이라는 의미의 if를 조건을 나타내는 문장 앞에 쓰는데, 조건을 나타내는 종속절에서는 현재 시제가 미래 시제를 대신하므로 주절에는 미래 시제를 쓰고, 종속절에는 현재 시제를 쓴다.

Actual Test
pp. 102–104

01 ② **02** ⑤ **03** ② **04** ① **05** ④ **06** ② **07** ③ **08** ③
09 ③ **10** ④ **11** ① **12** ② **13** ③
14 will, after, save **15** If, ask, will, answer
16 We visited England, France, and Switzerland last summer.
17 He bought some flowers before he met Jane.
(= Before he met Jane, he bought some flowers.)
18 and **19** but, and **20** because, When **21** or, so

01 그 소년은 키가 크지만, 약하다.
서로 반대되는 내용을 연결할 때 but (그러나, 하지만)을 쓴다.

02 만약 눈이 온다면, 그 아이들은 눈사람을 만들 것이다.
조건을 나타내는 종속절에서는 현재 시제가 미래 시제를 대신하는데, 주어가 3인칭 단수(it)이므로 현재형 snows를 쓴다.

03 A: 쿠키나 도넛을 좀 드시겠어요? B: 쿠키를 주세요.
둘 중 하나를 가리키는 경우 or (또는)를 쓴다.

04 A: 너는 지난 주말에 무엇을 했니?
B: 밖이 추웠기 때문에 나는 집에서 TV를 보았어.
빈칸 뒤에 이유를 나타내는 문장이 오고 있으므로 because를 쓴다.

05 Susan은 감기에 걸렸다. 그녀는 병원에 갔다.
→ Susan은 감기에 걸려서, 병원에 갔다.
원인과 결과인 문장을 연결할 때는 so (그래서, 그러므로)나 because (~하기 때문에)를 쓸 수 있는데, 빈칸 뒤에 결과인 문장이 오고 있으므로 so를 쓴다.

06 너는 잠을 잘 수 없다. 너는 밤에 커피를 마신다.
→ 만약 네가 밤에 커피를 마신다면, 밤에 잠을 잘 수 없다.
조건을 나타내는 문장 앞에 If를 쓴다.

07 · James는 저녁으로 피자, 포도, 그리고 샐러드를 먹었다.
· 비가 그칠 때까지 그들은 집에 머무를 것이다.
서로 대등한 내용을 연결할 때는 and (그리고, ~와/과)를 쓰고, '~할 때까지'는 until을 쓴다.

08 ① 그녀는 아이였을 때 조용했다.
② 그는 무서울 때 소리를 질렀다.
③ 너는 밤에 언제 잠자리에 드니?
④ Peter는 샤워할 때 노래를 부른다.
⑤ 나는 샌디에이고에 있을 때 여동생과 함께 살았다.
① ② ④ ⑤ '~할 때'의 의미인 시간을 나타내는 접속사이고 ③ '언제'라는 의미의 의문사이다.

09 ① Jean과 Paul은 함께 피아노를 친다.
② 너는 소고기를 원하니, 아니면 돼지고기를 원하니?
③ 그는 정직하기 때문에 우리는 그를 믿는다.
④ 나는 수학을 좋아하지만, 역사는 좋아하지 않는다.
⑤ 만약 버스가 일찍 온다면, 우리는 늦지 않을 것이다.
① Jean or Paul → Jean and Paul ② beef but pork → beef or pork
④ and doesn't like history → but don't like history
⑤ will come → comes

10 ① 어두워진 후에 달이 뜰 것이다.
② 내가 사진을 찍었을 때 그녀는 미소를 지었다.
③ 파티가 끝날 때까지 그는 오지 않았다.
④ 너는 시간이 있니, 아니면 바쁘니?
⑤ 그 시험은 매우 쉬워서, 우리는 모두 그것을 통과했다.
④ but → or
둘 중 하나를 가리키는 경우 or (또는)를 쓴다.

11 ① Before → When
'~일(할) 때'는 When을 쓴다.

12 ② will come → come
시간을 나타내는 종속절에서는 현재 시제가 미래 시제를 대신하므로 will come이 아니라 come을 쓴다.

13 ① and → but ② so → or ④ Until → When ⑤ will finish → finish

14 '~한 후에'는 after를 쓰는데, 시간을 나타내는 종속절에서는 현재 시제가 미래 시제를 대신하므로 종속절에는 현재형 save를 쓴다. 주절은 동사원형 앞에 will을 써서 미래 시제로 쓴다.

15 '만약 ~하다면'은 if를 쓰는데, 조건을 나타내는 종속절에서는 현재 시제가 미래 시제를 대신하므로 종속절에는 현재형 ask를 쓴다. 주절은 동사원형 앞에 will을 써서 미래 시제로 쓴다.

16 서로 대등한 내용을 연결할 때 and (그리고, ~와/과)를 쓰는데, 세 개 이상을 연결할 때는 콤마(,)로 연결하고 마지막에만 and를 쓴다.

17 '~하기 전에'는 before를 쓰는데, 종속절과 주절의 시제를 과거로 맞추어 쓴다. 종속 접속사가 이끄는 절이 먼저 나오는 경우 절과 절 사이에 콤마(,)를 쓴다.

18 Danny는 수학, 영어, 그리고 과학을 좋아한다.
서로 대등한 내용을 연결할 때 and (그리고, ~와/과)를 쓴다.

19 Jim은 수학을 좋아하지만, 영어와 과학은 좋아하지 않는다.
서로 반대되는 내용을 연결할 때는 but을 쓰고, 서로 대등한 내용을 연결할 때는 and를 쓴다.

20 Mom 너는 왜 수학을 안 좋아하니?
Me 저는 수학이 너무 어렵기 때문에 좋아하지 않아요. 저는 수학을 공부할 때 지루해요.
이유나 원인을 나타내는 문장 앞에는 because를 쓰고, '~할 때'는 when을 쓴다.

21 Mom Jim은 수학과 과학 중에 어느 과목을 좋아하니?
Me 그는 수학을 좋아해서, 수학 시험에서 항상 A를 받아요.
둘 중 하나를 가리키는 경우 or (또는)를 쓰고, 원인과 결과인 문장을 연결할 때 결과를 나타내는 문장 앞에는 so (그래서, 그러므로)를 쓴다.

불규칙 동사표

동사원형	과거형	과거분사형
become ~이 되다	became	become
begin 시작하다	began	begun
break 깨다	broke	broken
bring 가져오다	brought	brought
build (건물을) 짓다	built	built
buy 사다	bought	bought
come 오다	came	come
cut 자르다	cut	cut
do 하다	did	done
draw 그리다	drew	drawn
drink 마시다	drank	drunk
drive 운전하다	drove	driven
eat 먹다	ate	eaten
fall 떨어지다	fell	fallen
find 찾다	found	found
feel 느끼다	felt	felt
fly 날다	flew	flown
forget 잊다	forgot	forgotten
get 얻다	got	got (gotten)
give 주다	gave	given
go 가다	went	gone
have 가지고 있다, 먹다	had	had
hear 듣다	heard	heard
hurt 다치게 하다	hurt	hurt

동사원형	과거형	과거분사형
know 알다	knew	known
lend 빌려주다	lent	lent
lose 잃어버리다	lost	lost
make 만들다	made	made
meet 만나다	met	met
put 놓다	put	put
read[ri:d] 읽다	read[red]	read[red]
ride 타다	rode	ridden
run 달리다	ran	run
see 보다	saw	seen
send 보내다	sent	sent
sing 노래하다	sang	sung
sit 앉다	sat	sat
sleep 잠을 자다	slept	slept
speak 말하다	spoke	spoken
stand 서 있다	stood	stood
swim 수영하다	swam	swum
take 데리고 가다	took	taken
teach 가르치다	taught	taught
tell 말하다	told	told
think 생각하다	thought	thought
wake 깨다, 일어나다	woke	woken
win 이기다	won	won
write 쓰다	wrote	written

다음 동사의 과거형과 과거분사형을 쓰시오.

동사원형	과거형	과거분사형
become ~이 되다		
begin 시작하다		
break 깨다		
bring 가져오다		
build (건물을) 짓다		
buy 사다		
come 오다		
cut 자르다		
do 하다		
draw 그리다		
drink 마시다		
drive 운전하다		
eat 먹다		
fall 떨어지다		
find 찾다		
feel 느끼다		
fly 날다		
forget 잊다		
get 얻다		
give 주다		
go 가다		
have 가지고 있다, 먹다		
hear 듣다		
hurt 다치게 하다		

동사원형	과거형	과거분사형
know 알다		
lend 빌려주다		
lose 잃어버리다		
make 만들다		
meet 만나다		
put 놓다		
read[ri:d] 읽다		
ride 타다		
run 달리다		
see 보다		
send 보내다		
sing 노래하다		
sit 앉다		
sleep 잠을 자다		
speak 말하다		
stand 서 있다		
swim 수영하다		
take 데리고 가다		
teach 가르치다		
tell 말하다		
think 생각하다		
wake 깨다, 일어나다		
win 이기다		
write 쓰다		

문법 탄탄
정답 및 해설
문장의 확장편 ❶
WRITING 3

기초 영문법이 탄탄해지면 영작 실력도 쑥쑥 자란다!

✿ 기초 영문법을 토대로 단계적인 영어문장 쓰기 학습
✿ 올바른 영어문장 쓰기를 위한 명쾌한 영문법 설명
✿ 유용한 영어문장을 충분히 써 볼 수 있도록 다양한 문제 수록
✿ 기본 문장에서 확장된 문장 쓰기를 위한 체계적 4단계 구성
✿ 학교 내신 및 서술형 시험 대비를 위한 평가 유형 반영

문법 탄탄 WRITING 시리즈

- ☐ 문법 탄탄 WRITING 1 문장의 기본편 ❶
- ☐ 문법 탄탄 WRITING 2 문장의 기본편 ❷
- ☑ 문법 탄탄 WRITING 3 문장의 확장편 ❶
- ☐ 문법 탄탄 WRITING 4 문장의 확장편 ❷